Pendel-Welten

Markus Schirner

Über dieses Buch:

Zahlreiche Diagramme, nach Themen geordnet, wurden in diesem Buch gesammelt, um dem Anfänger und dem versierten Pendel-Praktiker Hilfestellung bei der Arbeit mit dem Pendel zu leisten. Durch die umfangreichen Zuordnungen zu den einzelnen Themen können Pendler System und Vollständigkeit in ihre Auspendelungen bringen.
Es ist nicht mehr notwendig, alle Aspekte eines Fachgebietes auswendig zu wissen oder eine umfangreiche Zahl Fachbücher ständig parat zu haben. Die Pendel-Karten halten diese Informationen bereit und sind als praktisches Arbeitsmittel unerläßlich.
Eine Einführung zeigt auch dem Anfänger den Umgang mit dem Pendel und seine vielfältigen Einsatzmöglichkeiten.

Über den Autor:

Markus Schirner, Jahrgang 1957, beschäftigt sich seit über zehn Jahren intensiv mit grenzwissenschaftlichen Praktiken. Im Zentrum für Kinesiologie und Seminarorganisation in Darmstadt ist er als Lehrer tätig und gibt Pendel- und Tarotkurse, in denen die Schüler aus seinem reichen Erfahrungsschatz schöpfen können.

Markus Schirner

Pendel-Welten

Das Quickstep-Pendel-Handbuch
für Anfänger und Fortgeschrittene

Schirner Verlag

ISBN 3-930944-02-2

© 1995 Schirner Verlag, Darmstadt
8. Auflage 2006

Umschlaggestaltung: Heike Owusu

Herstellung: Reyhani Druck + Verlag, Darmstadt

Printed in Germany

Schirner Verlag • Zerninstraße 7 • D-64297 Darmstadt

Inhaltsverzeichnis

Vorwort

Das Ihnen vorliegende Buch "Pendel-Welten" ist der erste Band einer zweiteiligen Buchreihe zum Thema Radiästhesie; der Titel des zweiten Bandes lautet "Ruten-Welten". Beide Bücher sind aus der Praxis für die Praxis geschaffen worden, also für Einsteiger besonders geeignet. Aber auch Fortgeschrittene werden in der Fülle des Materials Neues für sich entdecken.

In der Anwendung geht es um die besondere Fühligkeit für unsichtbare Strahlungen, Schwingungen, Eindrücke usw. die wir alle empfinden und die entweder mittels des Pendels oder mit einer Rute sichtbar gemacht werden können. Sie lassen sich nach bestimmten erlernbaren Grundsätzen und Methoden deuten und bewerten.

Der Pendel oder die Rute sind Verstärker, welche die Wahrnehmung des Radiästhesisten, d.h. des Pendlers oder des Rutengängers ausdrücken. Der Radiästhesist ist hierbei Empfänger und Sender in einer Person. Radiästhesie heißt Strahlenfühligkeit; sie ist eine Fähigkeit aller Lebewesen (Mensch, Tier, Pflanze).

Diese Fähigkeit der Strahlenfühligkeit wollen die Autoren mit ihren beiden Büchern wecken. Weiterführende Literatur gibt es zahlreich, aber praktische Anleitungen findet man selten. Denken Sie daran: Radiästhesie richtig zu beherrschen, ist eine Kunst, sie bewußt anzuwenden eine Wissenschaft.

In diesem Sinne wünschen Ihnen die Autoren, die Graphiker, die Lektoren und der Verlag viel Erfolg. Motto dieser praktischen Bände ist: Übung macht den Meister bzw. die Meisterin!

"Du gleichst dem Geist,
den Du begreifst."

Johann Wolfgang v. Goethe

Einleitung

Dieses Buch stellt eine praktische Arbeitsunterlage zur Verfügung, die das Arbeiten mit Pendel und Rute im täglichen Leben erleichtert. QuickStep" bedeutet, dank sachlicher, kurz und bündig formulierter Anweisungen, einen schnellen Zugang zur Arbeit mit dem Pendel zu erhalten. In diesem Buch wird auf langatmige Erklärun-gen zugunsten präziser Bildkommentare verzichtet.

Sinn dieses Buches ist nicht, tief in die Philosophie des Pendelns einzusteigen oder sich mit den dahinterstehenden Energien auseinanderzusetzen.

Selbstverständlich halte ich dies jedoch für notwendig und empfehle auch, sich mit dem Hintergrundmaterial eingehend zu beschäftigen.

Im Anhang dieses Buches finden Sie entsprechende Literaturhinweise.

Allgemeines

Jeder Mensch ist grundsätzlich dazu fähig, mit Pendel und Rute zu arbeiten. Nur wenige Gründe mindern diese Fähigkeit, deshalb zwei wichtige Punkte zu Beginn:

1. Üben, üben, üben - wie in der Schule beginnt alles beim ersten Schritt und wird durch stetiges Üben und Ausprobieren meisterhaft.
2. Fehler gehören zum Lernschritt. Kein Ergebnis ist unfehlbar. Wenn man jedoch ohne egoistische Gedanken, zum Wohle anderer oder auch nur aus Gründen geistiger Reifung an sich arbeitet, werden die Ergebnisse des Pendelns sicher, klar und zuverlässig.

Nur durch praktische Arbeit erlernen Sie den Umgang mit dem Pendel bzw. der Rute. Arbeiten Sie sich Schritt für Schritt vor und beachten Sie nachfolgende Grundgedanken zu diesem umfangreichen Thema.

Grundgedanken

1. Die geistig-seelische Entwicklungsstufe eines Menschen spiegelt sich in seinen Pendelergebnissen wider.

2. Die Steigerung der eigenen Sensibilität erhöht die Pendelfähigkeit.
   Je feinfühliger Sie Ihre Umwelt wahrnehmen, desto empfänglicher und präziser werden Ihre Pendelergebnisse sein.

3. Der Umgang mit anderen Menschen und feinstofflichen Dingen sowie die Verbindung zu höheren Geisteswelten erfordern ein Freisein von Egoismus. Pendeln Sie nur aus folgenden Gründen -
   - zur Geistesschulung
   - aus wahrhaftigem Erkenntnistrieb - nur um der Wahrheit willen
   - selbstlos, um anderen Menschen oder Wesen zu helfen
   - zur Erhaltung der eigenen Gesundheit.

4. Werden Sie nie aus dem EGO heraus tätig.

5. Pendeln Sie nie zu Demonstrationszwecken vor anderen Menschen und pendeln Sie niemals in die Zukunft.

6. Seien Sie immer konzentriert auf das Problem oder die Fragestellung. Nur wenn Körper und Geist eins sind, kann das Pendel richtige Ergebnisse zeigen.

7. Prüfen Sie sich immer nach und halten Sie kein Ergebnis für unfehlbar.

8. Innere Demut und Dankbarkeit sowie ein gesundes Stück Ehrfurcht vor den kosmischen Kräften, mit denen wir hier in Berührung kommen, sollten immer Bestandteil Ihrer Pendelarbeit sein.

Der praktische Umgang mit dem Pendel

Welchen Pendel sollen Sie benutzen?

Es kommt nicht auf den Pendel an - sondern auf den Pendler! Machen Sie sich nie von einem Werkzeug abhängig, denn dies macht den Menschen unfrei (und kann das Pendelergebnis stören).

Beim Aussuchen eines Pendels handeln Sie nach Ihrer Intuition. Wählen Sie den Pendel, der Ihnen gefällt!

Sie können sich auch selbst einen Pendel herstellen. Nehmen Sie Faden, Kette oder ein Haar und hängen Sie ein Gewicht daran - ob es eine Schraube, ein Knopf, ein Korken oder irgend ein anderer Gegenstand ist, bleibt Ihnen überlassen.

Was sind die ersten Schritte?

1. Halten Sie den Pendel locker am Faden. Das obere Ende liegt zwischen Daumen und Zeigefinger (Bild). Die Fadenlänge liegt zwischen 15 und 20 cm. Machen Sie am besten einen Knoten an der Stelle, wo sich der Pendel (die Pendelschwingung) am besten anfühlt.

2. Die Hand hängt locker im Handgelenk. Der Ellenbogen ruht auf dem Tisch. Die restlichen Finger sind locker.

3. Oberkörper und Rücken sind aufrecht, damit die Energie des Nervensystems frei fließen kann.

4. Die Füße haben guten Kontakt zum Boden (nicht überkreuzen).

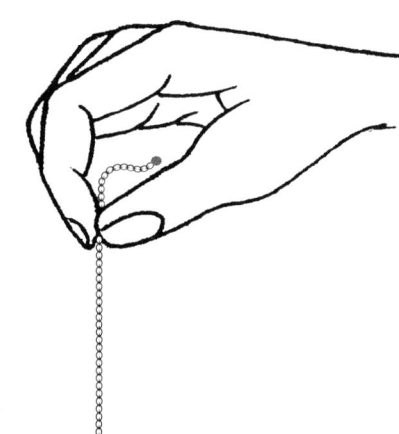

5. Die andere Hand liegt offen und flach auf dem Tisch.

6. Der Atem sollte ruhig fließen und Sie sollten entspannt sein.

7. Lassen Sie sich nicht von Umwelteinflüssen ablenken (z.B. Radio, oder Geräusche aus der Umgebung). Sorgen Sie vorher dafür, daß Sie alleine sind und in Ruhe gelassen werden.

8. Pendeln Sie nicht, wenn Sie müde oder abgespannt sind.

9. Pendeln Sie nicht, wenn Sie krank sind.

Das Pendeln verlangt den Menschen in seiner Ganzheit.

Jeder, der mit dem Pendeln beginnt, muß zuerst für sich selbst feststellen, welche Pendelbewegung für ihn welche Bedeutung hat.
Fragen Sie Ihren Pendel zuerst: "Was bedeutet ein JA?" Fragen Sie
danach: "Was bedeutet ein "NEIN?"

Die möglichen Pendelbewegungen sehen Sie rechts. Jede Pendelbewegung ist möglich - Finden Sie die Ihre heraus und ermitteln Sie für
sich, was ein klares "JA" und ein klares "NEIN" ist .

Sollten Sie am Anfang mit der Stärke der Pendelschwingung Probleme
haben, bringen Sie den Pendel bewußt in Schwung und fragen Sie
erneut. Die Bewegung des Pendels wird dann klarer sein. (Nach läng-
erer Übung verstärkt sich die Schwungkraft des Pendels) Wenn Sie Ihr
"JA" und Ihr "NEIN" einmal festgestellt haben, sollten Sie nicht mehr
davon abweichen.

Sie können JA und NEIN auch vorher festlegen. Im allgemeinen nimmt
man:

Rechtsdrehung = + = Positiv = JA
Linksdrehung   = — = Negativ = NEIN

Benutzen Sie die untere Pendelkarte und halten Sie Ihren Pendel genau
über die Mitte des eingezeichneten Pendelsymbols.

Grundübungen

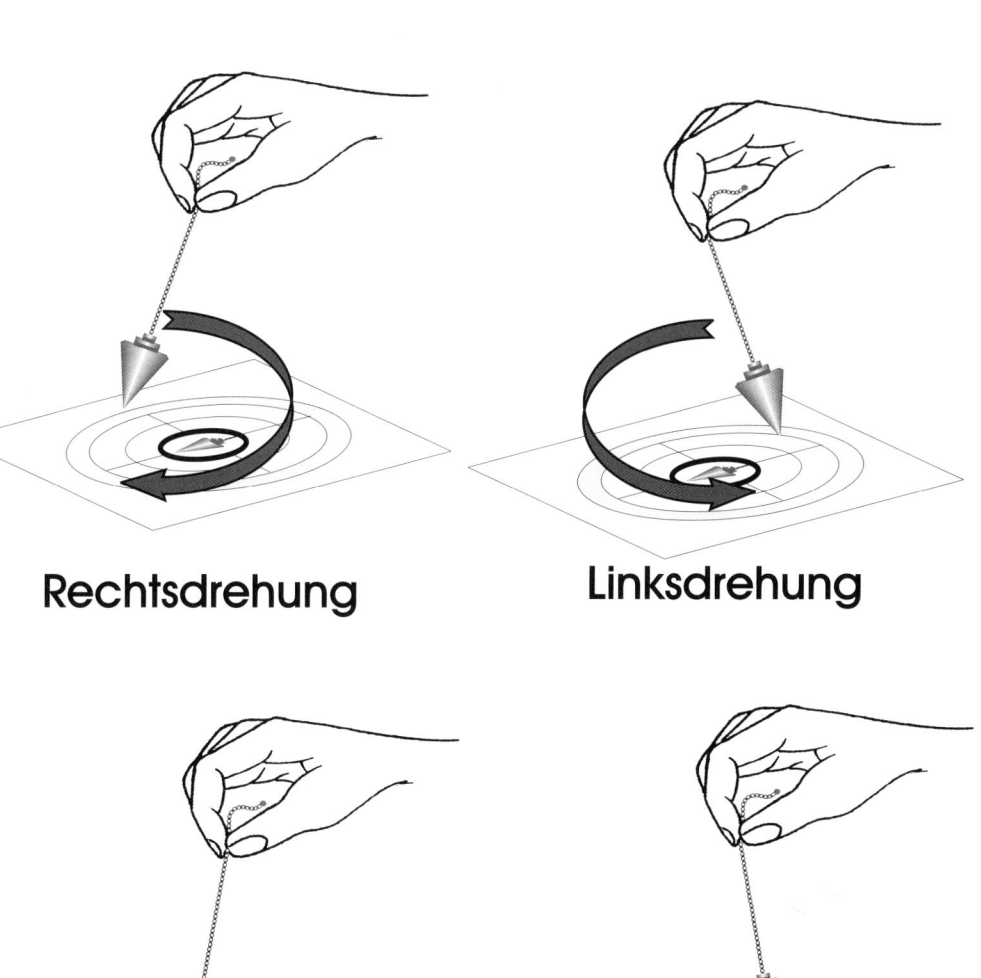

Rechtsdrehung   **Linksdrehung**

Von vorne nach hinten   **Von rechts nach links**

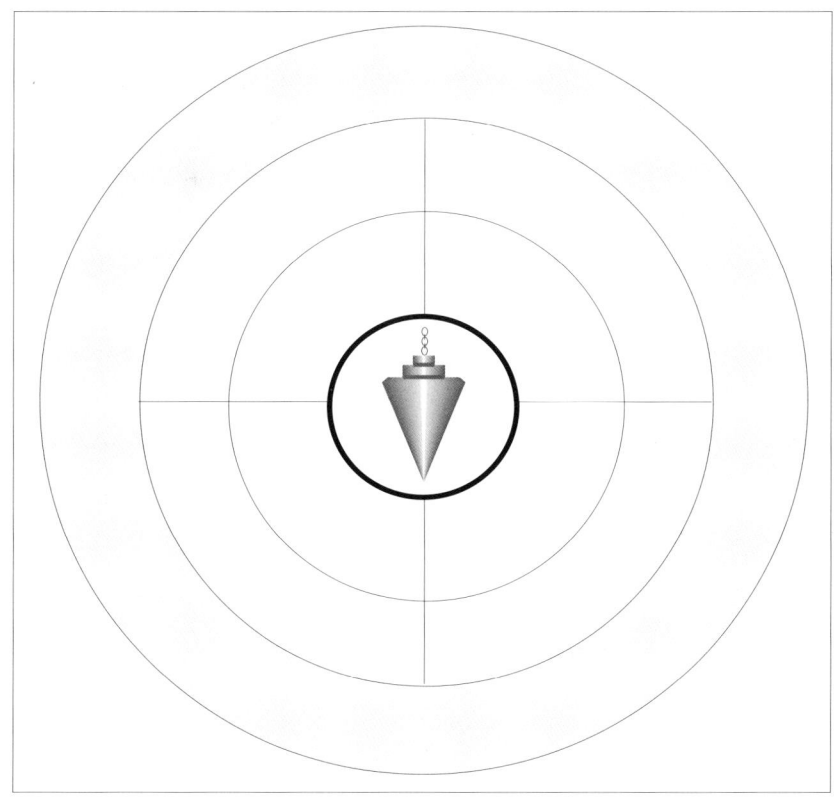

9

Praktische Übungen zum Einarbeiten

Um Ihre Pendelfähigkeit zu überprüfen, nachstehend einige Übungen:

1. Nehmen Sie zwei Gläser (möglichst gleichen Aussehens und gleicher Form) und füllen Sie diese mit Leitungswasser (die Menge des Wassers ist nicht entscheidend). Stellen Sie beide Gläser in einem Abstand von ca. 40 cm nebeneinander. Halten Sie den Pendel dazwischen. Fragen Sie den Pendel, ob der Inhalt der beiden Gläser gleich ist. Sie sollten einen Ausschlag des Pendels erhalten, d.h. der Pendel müßte zwischen den Gläsern, von Glas zu Glas, hin- und herschwingen, d.h. es liegt eine Entsprechung vor! Falls der Pendel sich nicht bewegt, sollten Sie sich zuvor erneut auf die gestellte Frage konzentrieren und dann geduldig warten, bis der Pendel-Ausschlag erfolgt, d.h. bis beide Gläserinhalte "vom Pendel" als identisch erkannt wurden (Abb.1).

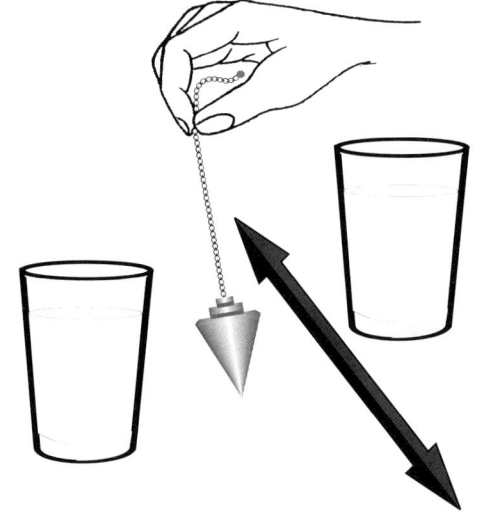

(Abb.2)

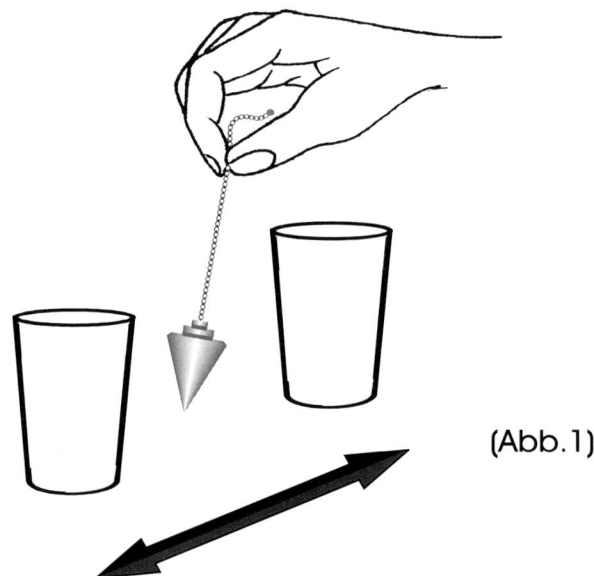

(Abb.1)

Haben Sie diese erste Aufgabe erfolgreich bestanden, gehen Sie zur zweiten Aufgabe über:

2. Halten Sie den Pendel zwischen sich und eines der beiden Gläser. Fragen Sie, ob Sie das Leitungswasser, so wie es aus der Leitung kam, trinken sollen.
Eigentlich sollte der Pendel-Ausschlag zwischen Ihnen und dem Glas in einer Hin- und Herschwingung erfolgen, sich also eine Bejahung ergeben. Bei der heutigen Qualität des Wassers aus den Leitungen des öffentlichen Versorgungsnetzes erfolgt jedoch meist ein Trennstrich (wie in Abbildung 2), was Ablehnung bedeutet.
Auch diesen Pendel-Ausschlag sollten Sie mit Leichtigkeit schaffen. Das ist ein Zeichen dafür, daß Ihre Pendelkraft funktioniert.

Nun ein letzter gemeinsamer Test, damit Sie Sicherheit im anschließenden Arbeiten mit den Diagrammen bekommen:

3.   Gießen Sie eines der beiden Wassergläser aus. Trocknen Sie das Glas gut aus. Füllen Sie in das leere Glas Mineralwasser aus einer Flasche. Stellen Sie die Gläser nun wieder in einem Abstand von ca. 40 cm auf. Fragen Sie erneut, ob der Inhalt der beiden Gläser gleich ist.
Sie werden überrascht sein: Obwohl es sich in beiden Fällen um Wasser handelt, werden Sie bestenfalls einen Diagonal-Ausschlag des Pendels erhalten, wenn nicht sogar einen Trennstrich. Im ersten Fall bedeutet dies, daß das Wasser irgendwie ähnlich ist; im zweiten Fall, daß der Inhalt beider Gläser nicht vergleichbar ist, aus welchen Gründen auch immer.

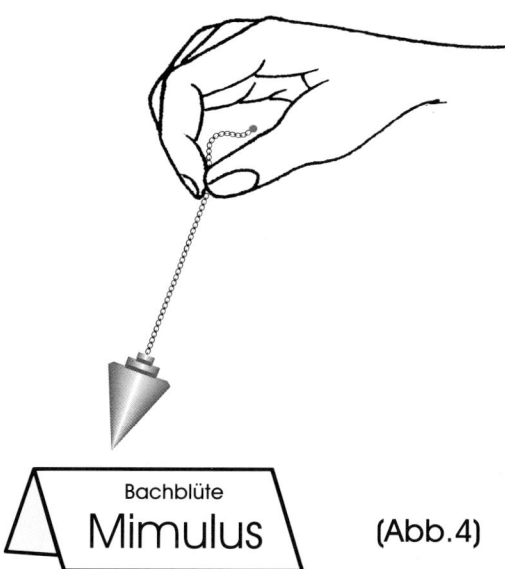

Bachblüte
Mimulus
(Abb.4)

(Abb.3)

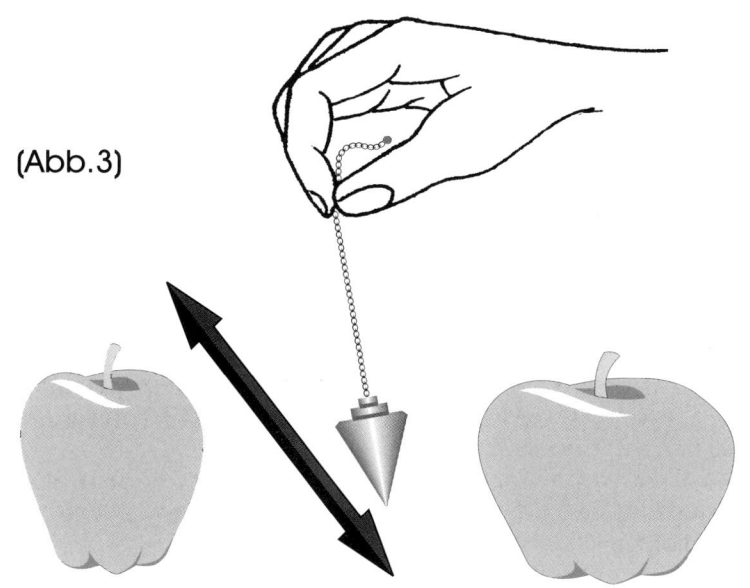

Sie können diese Übung auch mit anderen Materialien wiederholen: Nehmen Sie beispielsweise zwei Äpfel (Abb. 3) verschiedener Herkunft, zwei Sorten Bier usw., Ihrem Einfallsreichtum seien keine Grenzen gesetzt. Denken Sie beim Durchführen der Tests immer daran, daß Sie jeweils einen Beziehungstest durchführen (auch Resonanzabfrage genannt).

Diesen Test können Sie auch, wie es auf den nachfolgenden Seiten dieses Buches der Fall ist, mit Begriffen durchführen. Zum Beispiel können Sie auf einen Zettel den Begriff "Mimulus" schreiben (eine der 39 Bach-Blüten) und über dem geschriebenen Wort abfragen, ob Sie diese Substanz/Essenz für Ihr seelisches Wohlbefinden brauchen. Bei einem tatsächlichen Bedarf wird der Pendel rechtsherum schwingen (Abb.4).

Selbstverständlich können Sie diesen Test mit jedem der Begriffe der Bach-Blüten machen. Oder ein anderes Beispiel: Schreiben Sie einen oder zwei Begriffe der möglicherweise für Sie in Betracht kommenden Therapien heraus, also etwa "Autogenes Training" und "Hapkido". Fragen Sie über den geschriebenen Begriffen mit dem Pendel die Richtigkeit der Therapie ab.

Das Austesten von Gegenständen

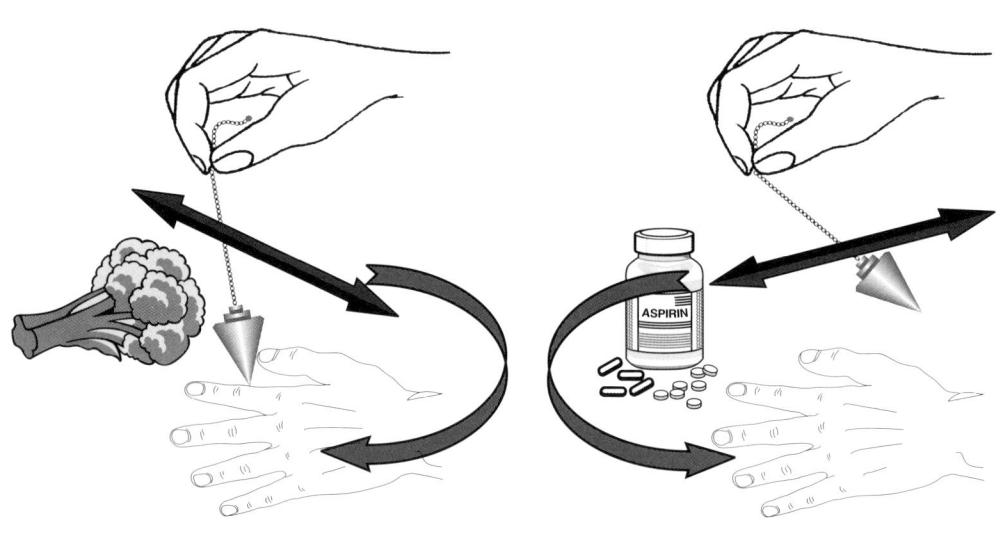

von der Hand zum Objekt
oder Rechtskreis = positiv

zwischen Hand und Objekt
oder Linkskreis = negativ

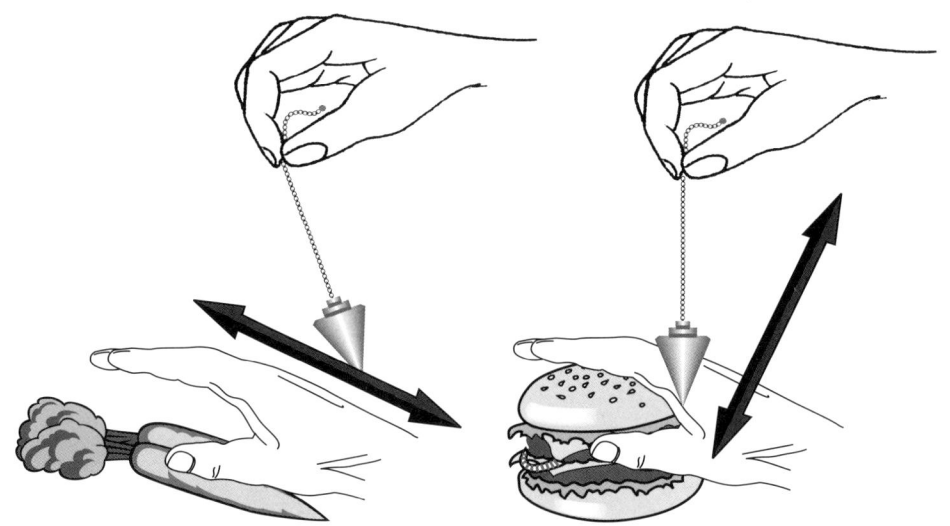

in Handverlauf = positiv

gegen Handverlauf = negativ

Sie können mit einem Pendel alles erfragen, was Sie möchten. Sofern die Fragestellung mit einem JA oder einem NEIN zu beantworten ist, gibt er Ihnen eine entsprechende Antwort.

Natürlich gibt es noch einige andere Möglichkeiten, wie Sie mit dem Pendel umgehen können. Die sicherste Methode ist das Pendeln am Objekt selbst.

Ob Sie Ihre Lebensmittel, Ihre Arzneimittel, Ihre Bach-Blüten oder Ihre Edelsteine austesten wollen - Ihrer Kreativität werden keine Grenzen gesetzt.

Legen Sie hierzu den Gegenstand auf einen Tisch und halten Sie in einem Abstand von ca. 25 cm Ihre Hand neben den Gegenstand.

Nehmen Sie nun Ihren Pendel und halten es zwischen Hand und Objekt. Machen Sie sich ganz fei von irgendwelchen Nebengedanken und versuchen Sie, nur die Energie des Objektes zu erspüren, welches Sie neben sich liegen haben.

Der Pendel wird nun entweder zwischen dem Gegenstand und Ihrer Hand hin- und herschwingen oder sich rechtsherum drehen, was sozu-

sagen eine Zusage oder eine positive Affinität bedeutet.

Andernfalls wird es von vorne nach hinten schwingen oder sich links herum drehen, womit eine klare Trennung bzw. eine negative Energie anzeigt.

Sie können Ihre Hand auch über einen Gegenstand und den Pendel direkt über die Handmitte halten (siehe Bild).

Schwingt der Pendel in Richtung Handverlauf (fließende Energie des Körpers), so zeigt er positiv an; schwingt er quer zur Hand, so ist die Energie zwischen dem Objekt und Ihnen negativ.

Mit dieser Technik können Sie auch die Energie Ihres Hauses, Ihres Arbeitsplatzes oder Ihres Bettes testen.

Setzen Sie sich beispielsweise auf die Kante Ihres Bettes und halten Ihren Pendel über die geöffnete Hand. Schwingt er im Handverlauf ist der Bettplatz in Ordnung - und wenn nicht ? - dann nicht!

Überprüfen Sie nun Ihren Schlafplatz in derselben Weise, wobei Sie nach jedem Pendelvorgang ca. 30 cm weiterrücken, bis das ganze Bett erfaßt ist.

Das Arbeiten mit Pendeldiagrammen

Um sich das Arbeiten mit dem Pendel zu erleichtern, liegt der Schwerpunkt dieses Buches auf der Arbeit mit "Pendel-Diagrammen".
Verschiedene Diagramme setzen jedoch einiges an Fachwissen voraus. Nehmen wir als Beispiel das "I Ging-Pendeldiagramm" - ohne ein Grundwissen über die Struktur und das innere Wesen dieses Weisheitsorakels, nützt Ihnen das Diagramm wenig. Oder das AURA-SOMA - Pendeldiagramm. Die Anwendung der Essenzen setzt meist eine Schulung bzw. Beratung voraus.
In diesem Buch ist das tiefe Wissen der einzelnen Techniken und Praktiken nicht beschrieben. Es ist deshalb empfehlenswert, sich im Einzelfall mit den jeweiligen Themen ausführlicher zu befassen.
Im Anhang finden Sie verschiedene Buchtips, die Ihnen den Einstieg erleichtern können.

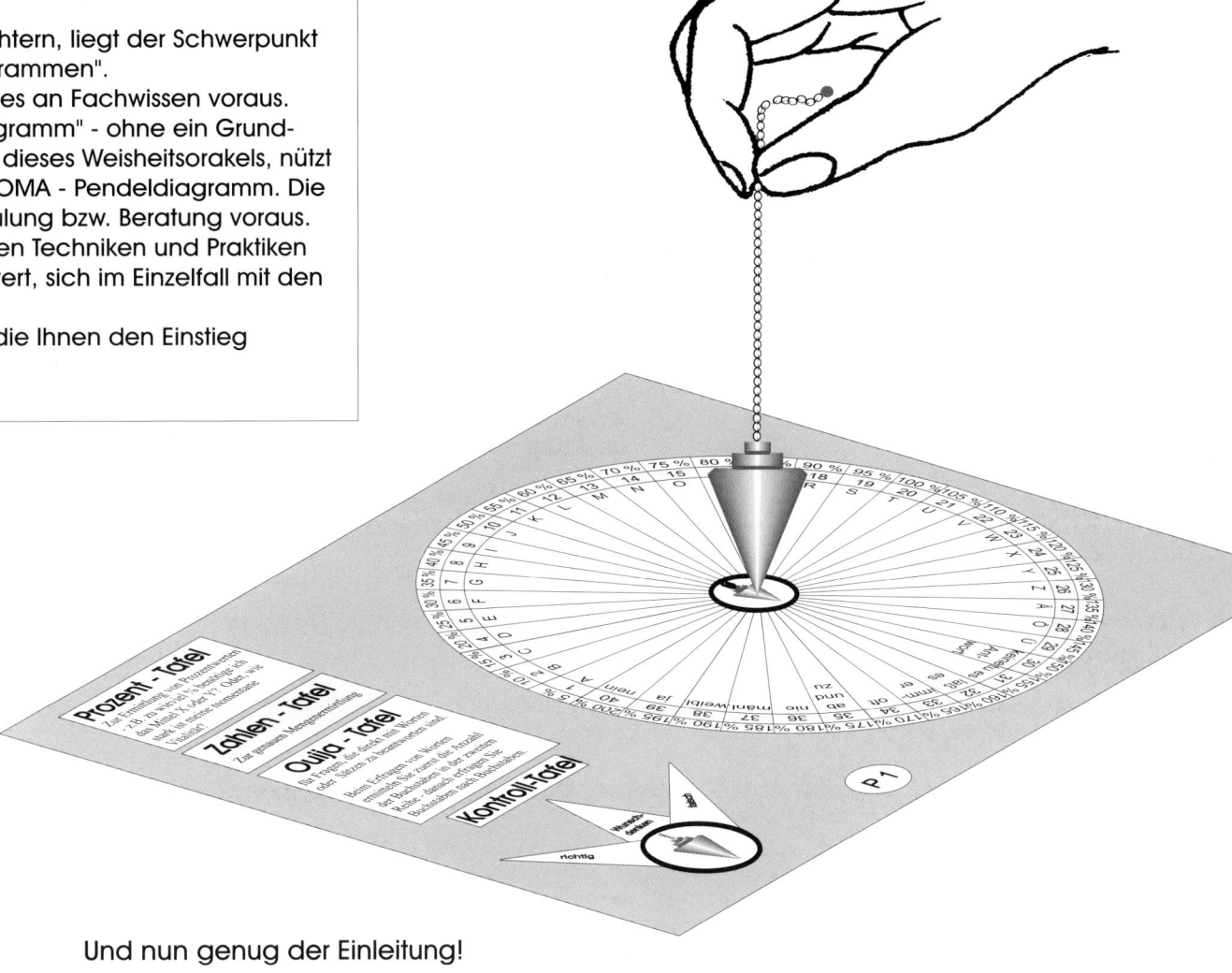

Die einzelnen Pendeldiagramme sprechen im allgemeinen für sich. Es sind jeweils relativ wenig Einzelerklärungen notwendig, um den Sinn der Diagramme zu verstehen. Nutzen Sie Ihre eigene Kreativität, um in vollem Umfange mit den Diagrammen umzugehen.
Achten Sie immer darauf, daß nur durch die "richtige Fragestellung" auch eine richtige Antwort erfolgen kann. Bedingt durch Kreis-Diagrammen können sich zwei Antwortsmöglichkeiten zeigen. In diesem Falle fragen Sie beide Ergebnisse nochmals mit einer JA/NEIN-Frage nach.
Benutzen Sie, wenn Sie kein Therapeut sind, die therapeutischen Pendeldiagramme nur für den Eigengebrauch und nur als vorbeugende oder unterstützende Maßnahme, um einen eventuellen Krankheitsverlauf positiv zu beeinflussen.

Und nun genug der Einleitung!

Viel Spaß beim Pendeln!

Ihr Markus Schirner

(13)

Pendelfähigkeit

Testen Sie vor Arbeitsbeginn Ihre momentane Pendelfähigkeit. Die Aussage, die Sie erhalten, bezieht sich auf die jetzige Situation und kann sich zu anderer Zeit oder an anderem Ort wesentlich verändern!

Liegt die Pendelfähigkeit beispielsweise bei 75%, so bedeutet es, daß 25% Ihrer Fragen falsch beantwortet werden. Beachten Sie die Stärke Ihrer Pendelfähigkeit unbedingt bei der Auswertung Ihrer Fragen. Sollte Ihre Pendelfähigkeit unter 60 % liegen, lohnt sich momentan das Pendeln nicht für Sie. Fragen Sie an nebenstehendem Diagramm nach den Gründen oder versuchen Sie es zu einem späteren Zeitpunkt wieder.

Pendelfehlergebnisse

Ist Ihre Pendelkraft zu schwach oder Sie erhalten bei einer Kontrollfrage "falsche Antwort", so können Sie mit untenstehender Karte die Gründe dafür ermitteln.

Pendelfähigkeit

50%
40 %   60 %
30 %   70 %
20 %   80 %
10 %   90 %
0 %   100%

Pendelfähigkeit

zu egoistische Fragestellung
Tattwa - Beeinflussung (kosmische Schwingungsrhythmen)
Fehlende Konzentration - zu schwache Mentalkraft
zu starkes Wunschdenken (vorgefaßte Meinung)
Störungen in den eigenen Aurafeldern
Verkrampfung Fehlhaltung des Körpers
Falsche Fragestellung
Körperliche Schwäche durch Krankheit
Falsche Pendelzeit (Zeittafel unten benutzen)
Voreilige Pendeldeutung (stark erregt - viele Gedanken)
Übermüdung
Fehlende innere bzw. äußere Ruhe
Ursache unbekannt
Einfluß von anderen Personen

Kontroll-Tafel

Benutzen Sie die rechtsstehende Kontrollkarte stets zur Kontrolle Ihrer Pendelergebnisse.

Denken Sie daran:
"Keine Antwort ist unfehlbar!"

richtig   Wunsch-denken   falsch

Die Pendeluhr dient zur Ermittlung der richtigen Pendelzeit.
Die Uhr ist in 10-Minuten-Teilstriche aufgeteilt.

Pendeluhr

23 24 1 2
22   3
21   4
20   Pendeluhr 5
19   6
18   7
17   8
16   9
15   10
14 13 12 11

Die richtige Pendelkarte

Mit welcher Pendelkarte kann ich eine optimale
Lösung für mein Problem ...XYZ....finden?
oder
Mit welcher Pendelkarte soll ich heute arbeiten?
oder
Auf welcher Pendelkarte finde ich Informationen
die ich momentan dringend benötige?

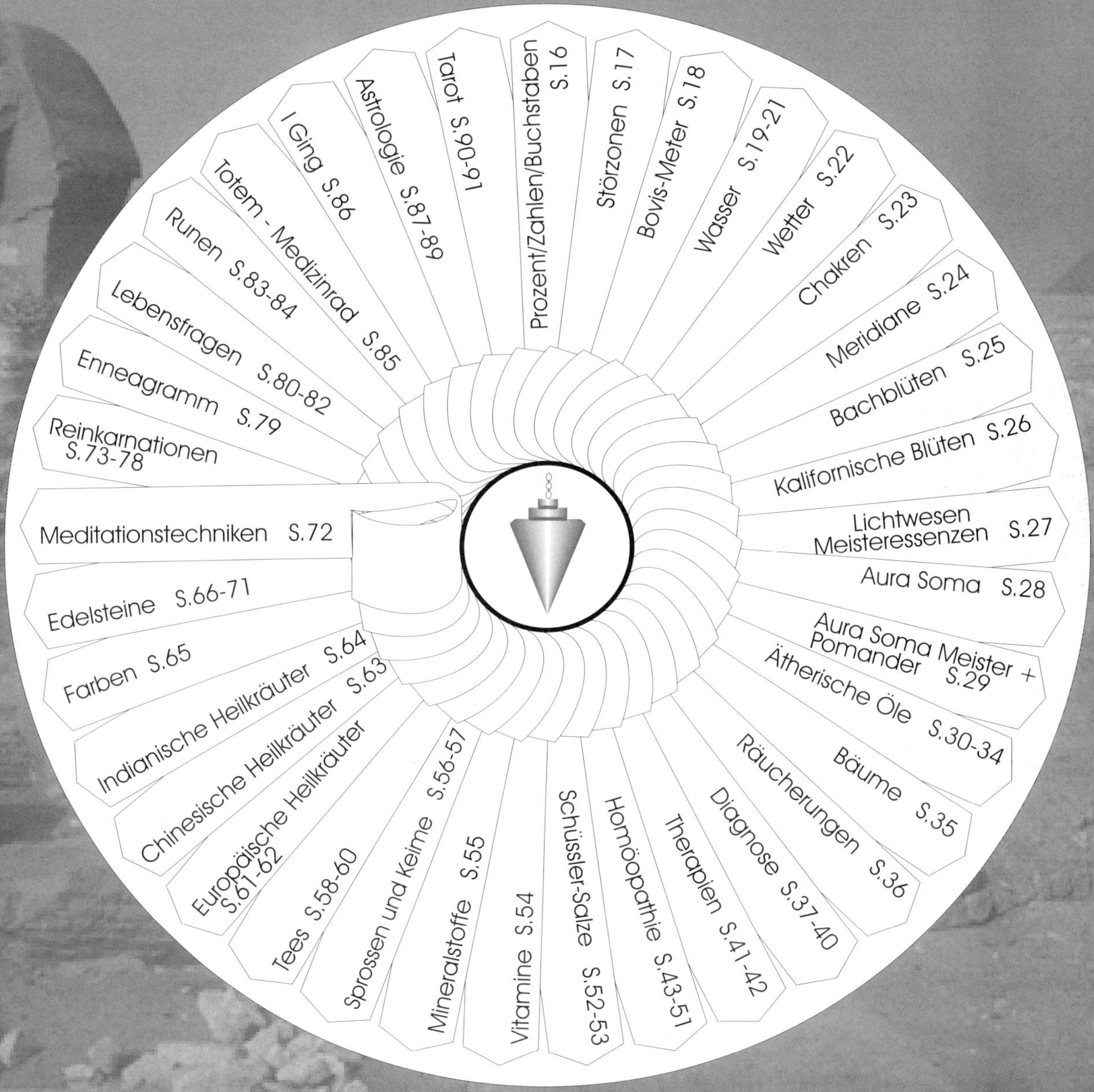

Kontroll-Tafel

richtig   Wunsch-   falsch
          denken

Tarot S.90-91
Astrologie S.87-89
I Ging S.86
Totem - Medizinrad S.85
Runen S.83-84
Lebensfragen S.80-82
Enneagramm S.79
Reinkarnationen S.73-78
Meditationstechniken S.72
Edelsteine S.66-71
Farben S.65
Indianische Heilkräuter S.64
Chinesische Heilkräuter S.63
Europäische Heilkräuter S.61-62
Tees S.58-60
Sprossen und Keime S.56-57
Mineralstoffe S.55
Vitamine S.54
Schüssler-Salze S.52-53
Homöopathie S.43-51
Therapien S.41-42
Diagnose S.37-40
Räucherungen S.36
Bäume S.35
Ätherische Öle S.30-34
Aura Soma Meister + Pomander S.29
Aura Soma S.28
Lichtwesen Meisteressenzen S.27
Kalifornische Blüten S.26
Bachblüten S.25
Meridiane S.24
Chakren S.23
Wetter S.22
Wasser S.19-21
Bovis-Meter S.18
Störzonen S.17
Prozent/Zahlen/Buchstaben S.16

⑮

Zahlen - Tafel
Zur genauen Mengenermittlung

Prozent - Tafel
Zur Ermittlung von Prozentwerten - z.B. "Zu wieviel % benötige ich das Mittel X oder Y?"''
Oder
"Wie stark ist meine momentane Vitalität?"

Ouija - Tafel
Für Fragen, die direkt mit Worten oder Sätzen zu beantworten sind.
Beim Erfragen von Worten ermitteln Sie zuerst die Anzahl der Buchstaben (Zahlentafel) - danach erfragen Sie Buchstabe nach Buchstabe.

Kontroll-Tafel

richtig   Wunsch-denken   falsch

16

Identifizierung von Störzonen

Currynetz / Kreuzung
Global-Gitter /Kreuzung
Globalnetz - Gitter
Verwerfung / Curry
Verwerfung
strahlenfreier Platz
Wasserader
Wasserader / Kreuzung
Wasserader / Verwerfung
Wasserader / Currynetz
Currynetz

Kontroll-Tafel

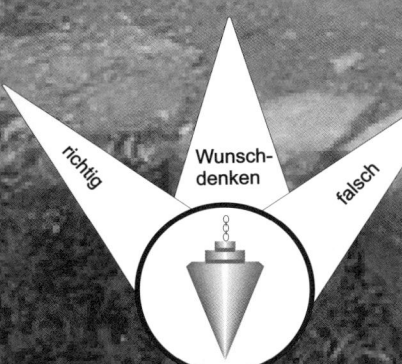

richtig
Wunsch-denken
falsch

Intensität der Strahlungen

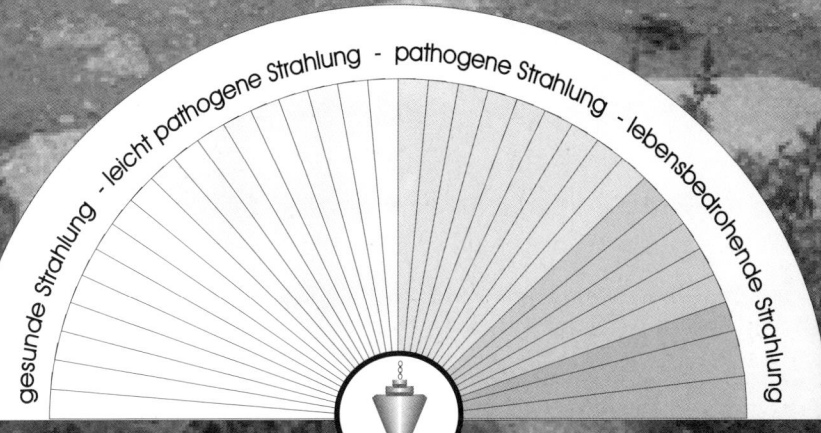

gesunde Strahlung - leicht pathogene Strahlung - pathogene Strahlung - lebensbedrohende Strahlung

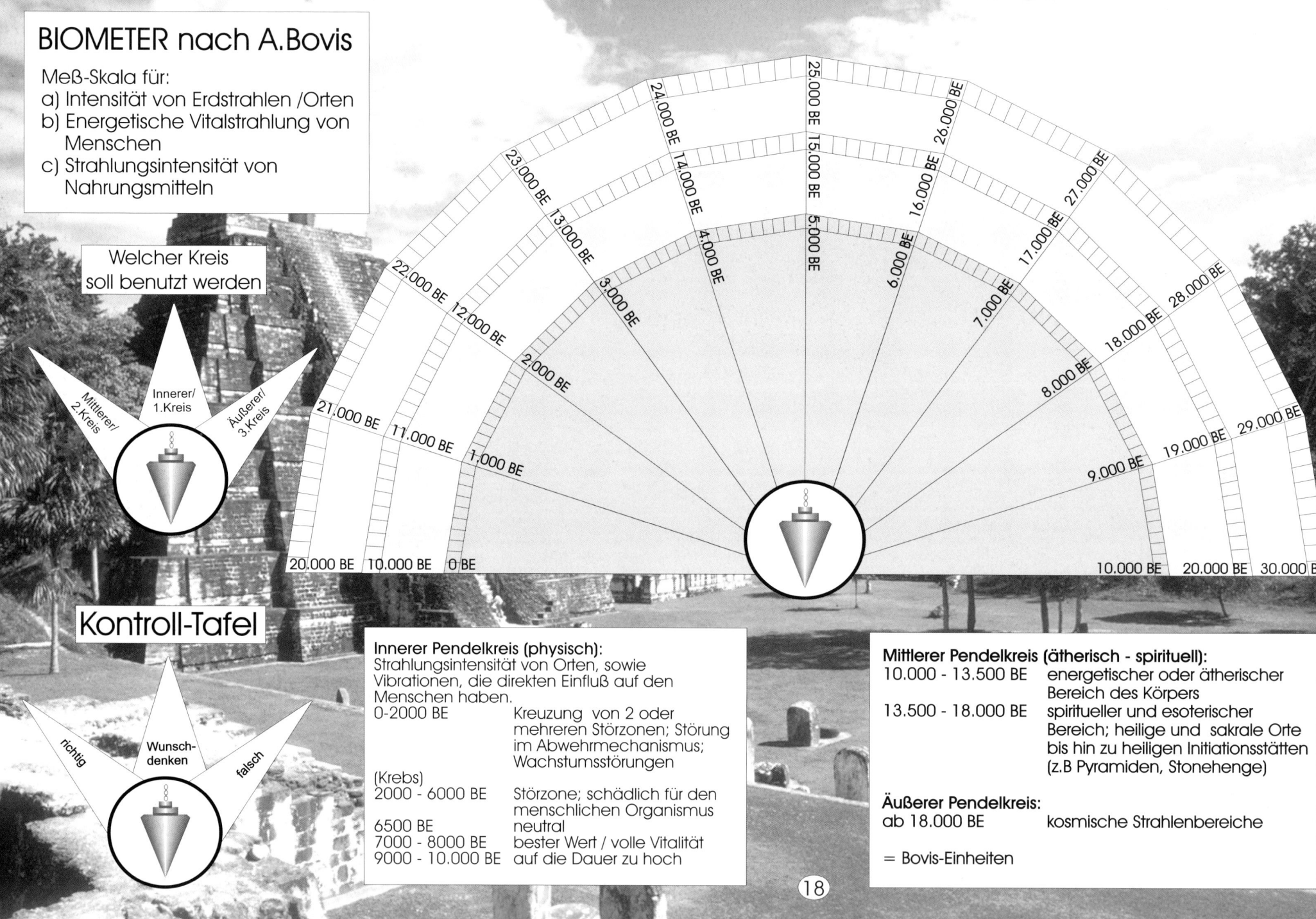

BIOMETER nach A.Bovis

Meß-Skala für:
a) Intensität von Erdstrahlen /Orten
b) Energetische Vitalstrahlung von Menschen
c) Strahlungsintensität von Nahrungsmitteln

Welcher Kreis soll benutzt werden

Mittlerer/ 2.Kreis

Innerer/ 1.Kreis

Äußerer/ 3.Kreis

Kontroll-Tafel

richtig

Wunsch-denken

falsch

Innerer Pendelkreis (physisch):
Strahlungsintensität von Orten, sowie Vibrationen, die direkten Einfluß auf den Menschen haben.

0-2000 BE	Kreuzung von 2 oder mehreren Störzonen; Störung im Abwehrmechanismus; Wachstumsstörungen
(Krebs) 2000 - 6000 BE	Störzone; schädlich für den menschlichen Organismus
6500 BE	neutral
7000 - 8000 BE	bester Wert / volle Vitalität
9000 - 10.000 BE	auf die Dauer zu hoch

Mittlerer Pendelkreis (ätherisch - spirituell):

10.000 - 13.500 BE	energetischer oder ätherischer Bereich des Körpers
13.500 - 18.000 BE	spiritueller und esoterischer Bereich; heilige und sakrale Orte bis hin zu heiligen Initiationsstätten (z.B Pyramiden, Stonehenge)

Äußerer Pendelkreis:

ab 18.000 BE	kosmische Strahlenbereiche

= Bovis-Einheiten

Kontroll-Tafel

Wasser-Tafeln
zur näheren Bestimmung
gefundener Wasseradern

richtig

Wunsch-
denken

falsch

Schüttung
(in Liter pro Minute)

Tiefe des
Wasservorkommens in Meter

0 Liter
100 Liter
200 Liter
300 Liter
400 Liter
500 Liter
600 Liter
700 Liter
800 Liter
900 Liter
1000 Liter
1100 Liter
1200 Liter
1300 Liter
1400 Liter
1500 Liter
1600 Liter
1700 Liter
1800 Liter

0 m
5 m
10 m
15 m
20 m
25 m
30 m
35 m
40 m
45 m
50 m
55 m
60 m
65 m
70 m
75 m
80 m
85 m
90 m
95 m
100 m
105 m
110 m
115 m
120 m
125 m
130 m
135 m
140 m
145 m
150 m
155 m
160 m
165 m
170 m
175 m
180 m

19

Wasser-Tafeln
zur näheren Bestimmung
gefundener Wasseradern

Kontroll-Tafel

richtig

Wunsch-
denken

falsch

Wasserhärte in Grad
(Deutsche Härtegrade)

Wasser-
Temperatur

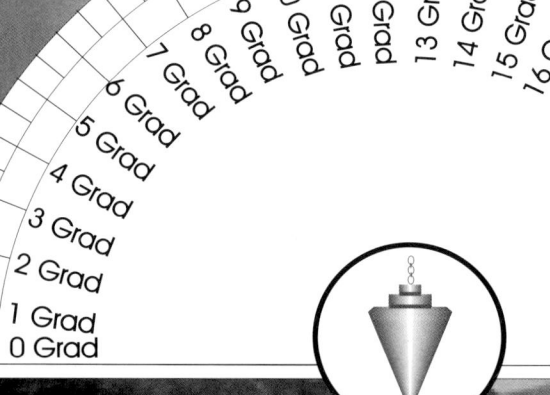

0 Grad
1 Grad
2 Grad
3 Grad
4 Grad
5 Grad
6 Grad
7 Grad
8 Grad
9 Grad
10 Grad
11 Grad
12 Grad
13 Grad
14 Grad
15 Grad
16 Grad
17 Grad
18 Grad
19 Grad
20 Grad
21 Grad
22 Grad
23 Grad
24 Grad
25 Grad

0 Grad Celsius
10 Grad Celsius
20 Grad Celsius
30 Grad Celsius
40 Grad Celsius
50 Grad Celsius
60 Grad Celsius
70 Grad Celsius
80 Grad Celsius
90 Grad Celsius
100 Grad Celsius

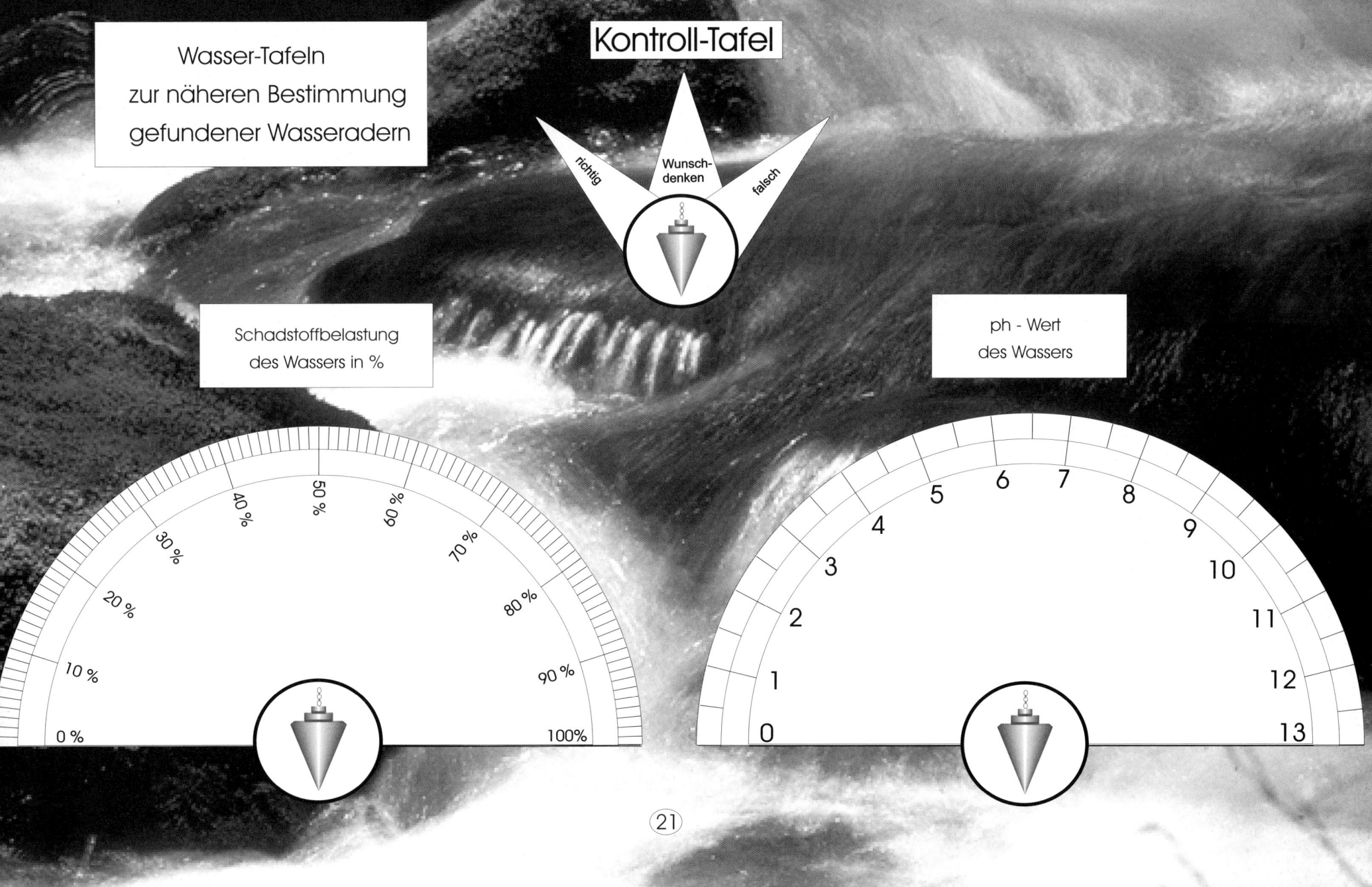

Wasser-Tafeln
zur näheren Bestimmung
gefundener Wasseradern

Kontroll-Tafel

richtig   Wunsch-   falsch
           denken

Schadstoffbelastung
des Wassers in %

ph - Wert
des Wassers

50 %
40 %   60 %
30 %   70 %
20 %   80 %
10 %   90 %
0 %   100%

4   5   6   7
3   8
2   9
                  10
1   11
                  12
0   13

21

Wettervorhersage

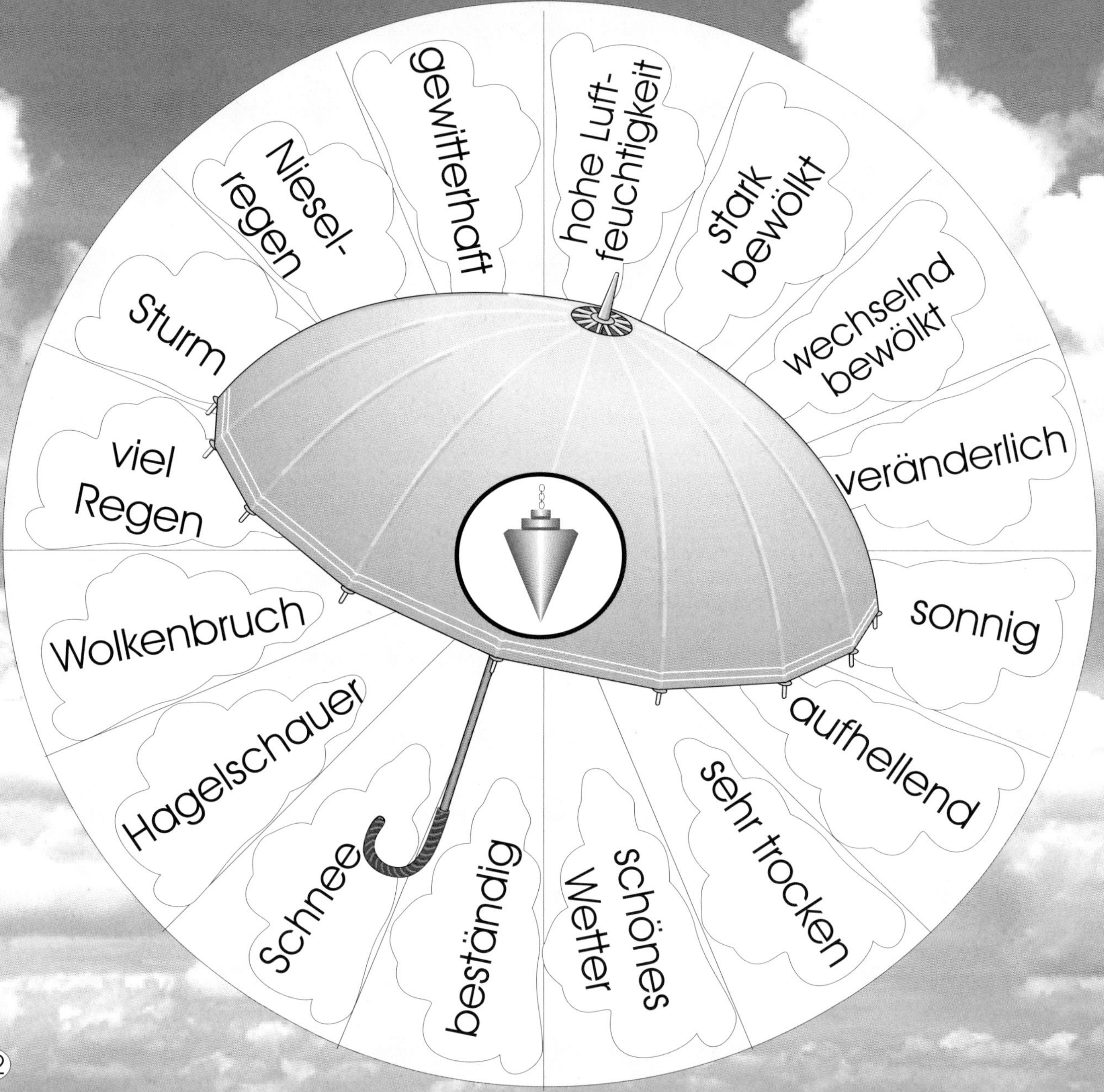

Niesel-regen

gewitterhaft

hohe Luft-feuchtigkeit

stark bewölkt

wechselnd bewölkt

Sturm

veränderlich

viel Regen

sonnig

Wolkenbruch

aufhellend

Hagelschauer

sehr trocken

Schnee

beständig

schönes Wetter

Kontroll-Tafel

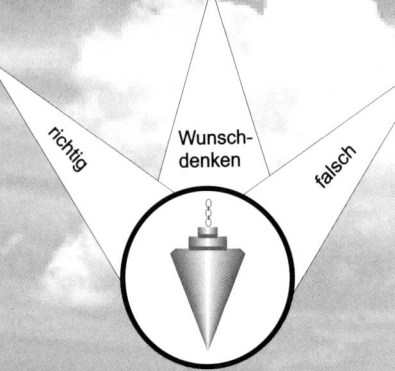

richtig

Wunsch-denken

falsch

Chakren - Tafel

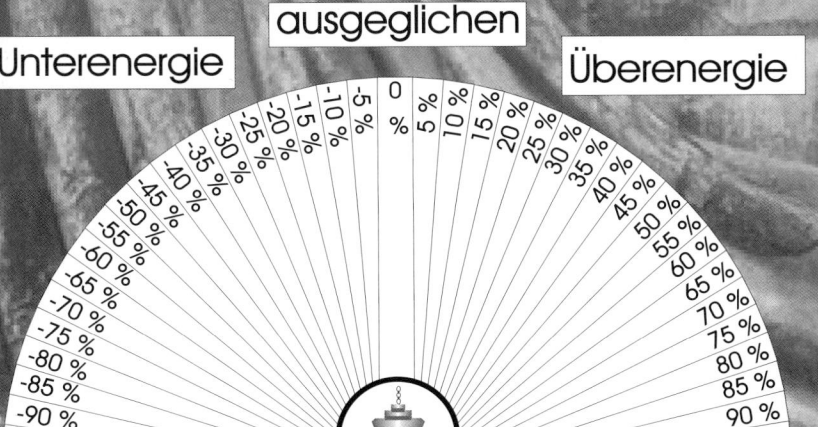

Unterenergie

ausgeglichen

Überenergie

-100 % -95 % -90 % -85 % -80 % -75 % -70 % -65 % -60 % -55 % -50 % -45 % -40 % -35 % -30 % -25 % -20 % -15 % -10 % -5 % 0 % 5 % 10 % 15 % 20 % 25 % 30 % 35 % 40 % 45 % 50 % 55 % 60 % 65 % 70 % 75 % 80 % 85 % 90 % 95 % 100 %

Kontroll-Tafel

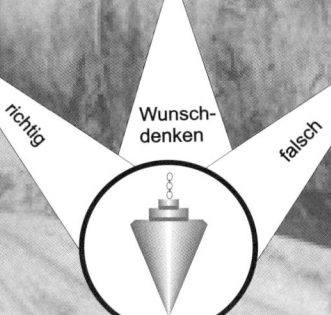

richtig   Wunsch-denken   falsch

7. Chakra
Schädel,
Großhirn,
Zirbeldrüse
violett, weiß
gold

1. Chakra
Wirbelsäule, Knochen
Beine, Rektum,
Darm, Blut
Nebennieren
rot

6. Chakra
Nase, Ohren, Augen
Gesicht, Kleinhirn,
Hirnanhangdrüse
indigoblau,
violett

5. Chakra
Stimme, Kehle
Bronchien, Lunge oben
Schilddrüse,
Nebenschilddrüse
hellblau

2. Chakra
Fortpflanzung, Niere,
Verdauung
Keimdrüse, Prostata
Eierstöcke, Hoden
orange

3. Chakra
Leber, Magen, Galle
veget. Nervensystem
Bauchspeichel-
drüse
gelb/goldgelb

4. Chakra
Herz, Lunge unten,
Kreislauf
Haut, Hände
Thymusdrüse
grün, rosa
gold

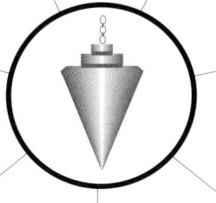

23

Meridian - Tafel

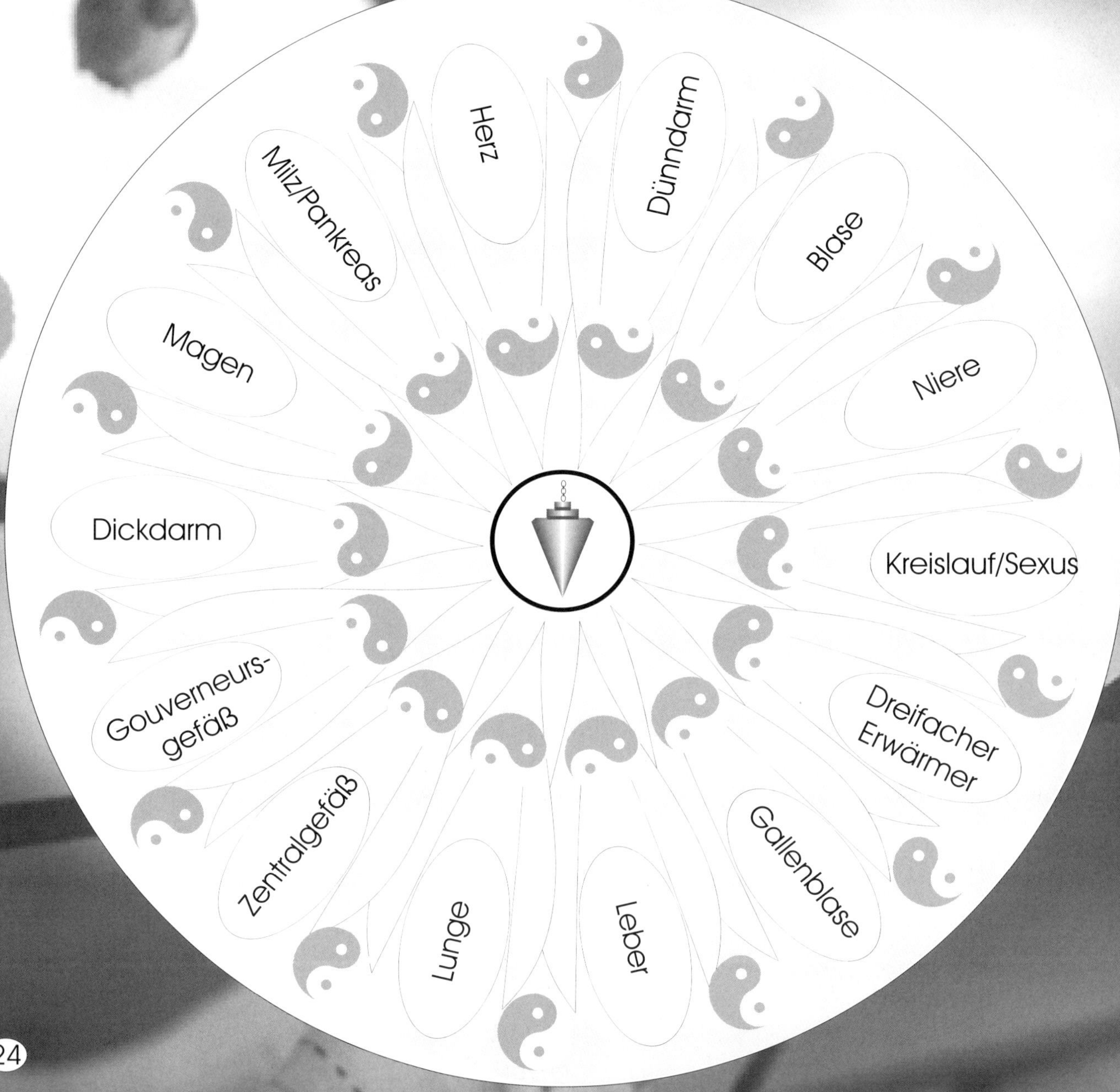

Kontroll-Tafel

richtig Wunsch-denken falsch

24

Milz/Pankreas
Herz
Dünndarm
Blase
Magen
Niere
Dickdarm
Kreislauf/Sexus
Gouverneurs-gefäß
Dreifacher Erwärmer
Zentralgefäß
Gallenblase
Lunge
Leber

Bach-Blüten

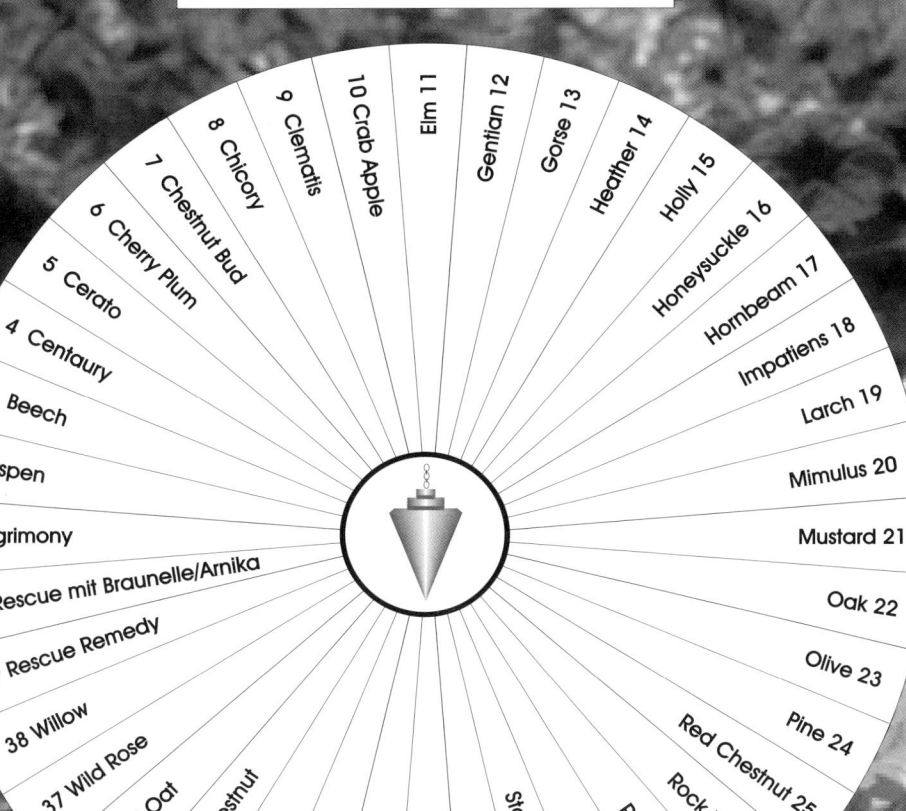

Kontroll-Tafel

richtig — Wunsch-denken — falsch

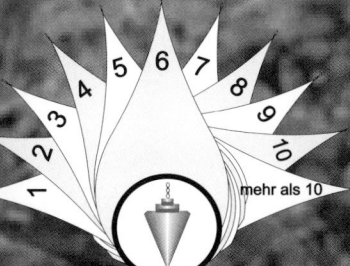

Wie viele Blütenmittel sollen benutzt werden?

1 2 3 4 5 6 7 8 9 10 mehr als 10

Wie viele Tropfen der jeweiligen Blütenmittel sollen mit 30 ml Wasser/Alkohol gemischt werden?

Tropfen

1 2 3 4 5 6 7 8 9 10 11 12 13 14 15 16 17 18 19 20

Wie oft täglich soll die Mischung eingenommen werden?

- 3 x täglich
- täglich 4 x
- 2 x täglich
- täglich 5 x
- 1 x täglich
- täglich 6 x
- 10 x täglich
- täglich 7 x
- 9 x täglich
- täglich 8 x

Wie lange soll die Mischung eingenommen werden?

- 3 Monate
- 4 Monate
- 2 Monate
- 3 Wochen
- 4 Wochen
- 5 Monate
- 2 Wochen
- 3 Tage
- 4 Tage
- 5 Wochen
- 1 Monat
- 2 Tage
- 5 Tage
- 6 Monate
- 1 Woche
- 1 Tag
- 6 Tage
- 6 Wochen
- 7 Tage
- 7 Wochen
- 8 Tage
- 8 Wochen
- 9 Tage
- 9 Wochen
- 10 Tage
- 10 Wochen
- 10 Monate
- 9 Monate
- 8 Monate
- 7 Monate

Blütenmittel (Kreis)

1 Agrimony
2 Aspen
3 Beech
4 Centaury
5 Cerato
6 Cherry Plum
7 Chestnut Bud
8 Chicory
9 Clematis
10 Crab Apple
Elm 11
Gentian 12
Gorse 13
Heather 14
Holly 15
Honeysuckle 16
Hornbeam 17
Impatiens 18
Larch 19
Mimulus 20
Mustard 21
Oak 22
Olive 23
Pine 24
Red Chestnut 25
Rock Rose 26
Rock Water 27
Scleranthus 28
Star of Bethlehem 29
Sweet Chestnut 30
31 Vervain
32 Vine
33 Walnut
34 Water Violet
35 White Chestnut
36 Wild Oat
37 Wild Rose
38 Willow
39 Rescue Remedy
40 Rescue mit Braunelle/Arnika

Kalifornische Blütenessenzen

26

Wie viele Blütenmittel sollen benutzt werden?

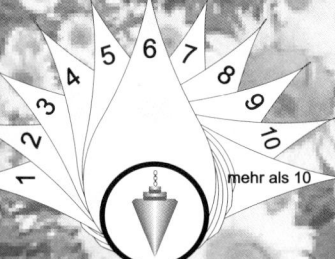

1 2 3 4 5 6 7 8 9 10 · mehr als 10

Wie viele Tropfen der jeweiligen Blütenmittel sollen mit 30 ml Wasser/Alkohol gemischt werden?

Tropfen · 1 2 3 4 5 6 7 8 9 10 11 12 13 14 15 16 17 18 19 20

Blüten (Kreis):

- 1. Aloe Vera
- 2. Arnica
- 3. Basil
- 4. Blackberry
- 5. Black-Eyed Susan
- 6. Bleeding Heart
- 7. Borage
- 8. Buttercup
- 9. Calendula
- 10. California Pitcher Plant
- 11. California Poppy
- 12. California Wild Rose
- 13. Cayenne
- 14. Chamomile
- 15. Chaparral
- 16. Corn
- 17. Dandelion
- 18. Deer Brush
- 19. Dill
- 20. Dogwood
- 21. Filaree
- 22. Fuchsia
- 23. Garlic
- 24. Golden Ear Drops
- 25. Goldenrod
- 26. Hounds Tongue
- 27. Indian Paintbrush
- 28. Indian Pink
- 29. Iris
- 30. Larkspur
- 31. Lavender
- 32. Lotus
- 33. Madia
- 34. Mallow
- 35. Manzanita
- 36. Mariposa Lily
- 37. Morning Glory
- 38. Mountain Pennyroyal
- 39. Mountain Pride
- 40. Mugwort
- 41. Mullein
- 42. Nasturtium
- 43. Oregon Grape
- 44. Penstemon
- 45. Peppermint
- 46. Pink Yarrow
- 47. Pomegranate
- 48. Quaking Grass
- 49. Quince
- 50. Rabbitbrush
- 51. Red Clover
- 52. Sagebrush
- 53. Saguaro
- 54. Saint Johns Wort
- 55. Scarlet Monkeyflower
- 56. Scotch Broom
- 57. Self-Heal
- 58. Shasta Daisy
- 59. Shooting Star
- 60. Star Thistle
- 61. Star Tulip
- 62. Sticky Monkeyflower
- 63. Sunflower
- 64. Sweet Pea
- 65. Tansy
- 66. Tiger Lily
- 67. Trillium
- 68. Trumpet Vine
- 69. Violet
- 70. Yarrow
- 71. Yerba Santa
- 72. Zinnia

Wie oft täglich soll die Mischung eingenommen werden?

1 x täglich · 2 x täglich · 3 x täglich · täglich 4 x · täglich 5 x · täglich 6 x · täglich 7 x · täglich 8 x · 9 x täglich · 10 x täglich

Wie lange soll die Mischung eingenommen werden?

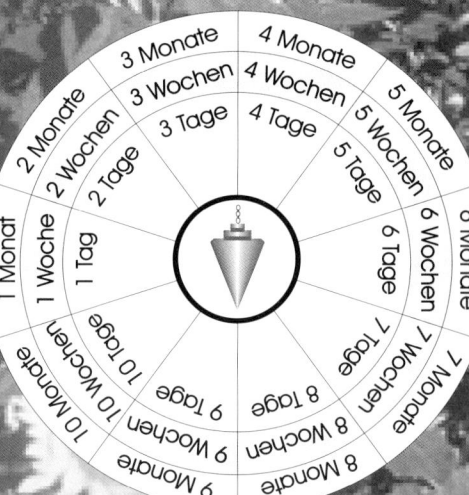

1 Tag · 2 Tage · 3 Tage · 4 Tage · 5 Tage · 6 Tage · 7 Tage · 8 Tage · 9 Tage · 10 Tage · 1 Woche · 2 Wochen · 3 Wochen · 4 Wochen · 5 Wochen · 6 Wochen · 7 Wochen · 8 Wochen · 9 Wochen · 10 Wochen · 1 Monat · 2 Monate · 3 Monate · 4 Monate · 5 Monate · 6 Monate · 7 Monate · 8 Monate · 9 Monate · 10 Monate

Kontroll-Tafel

richtig · Wunschdenken · falsch

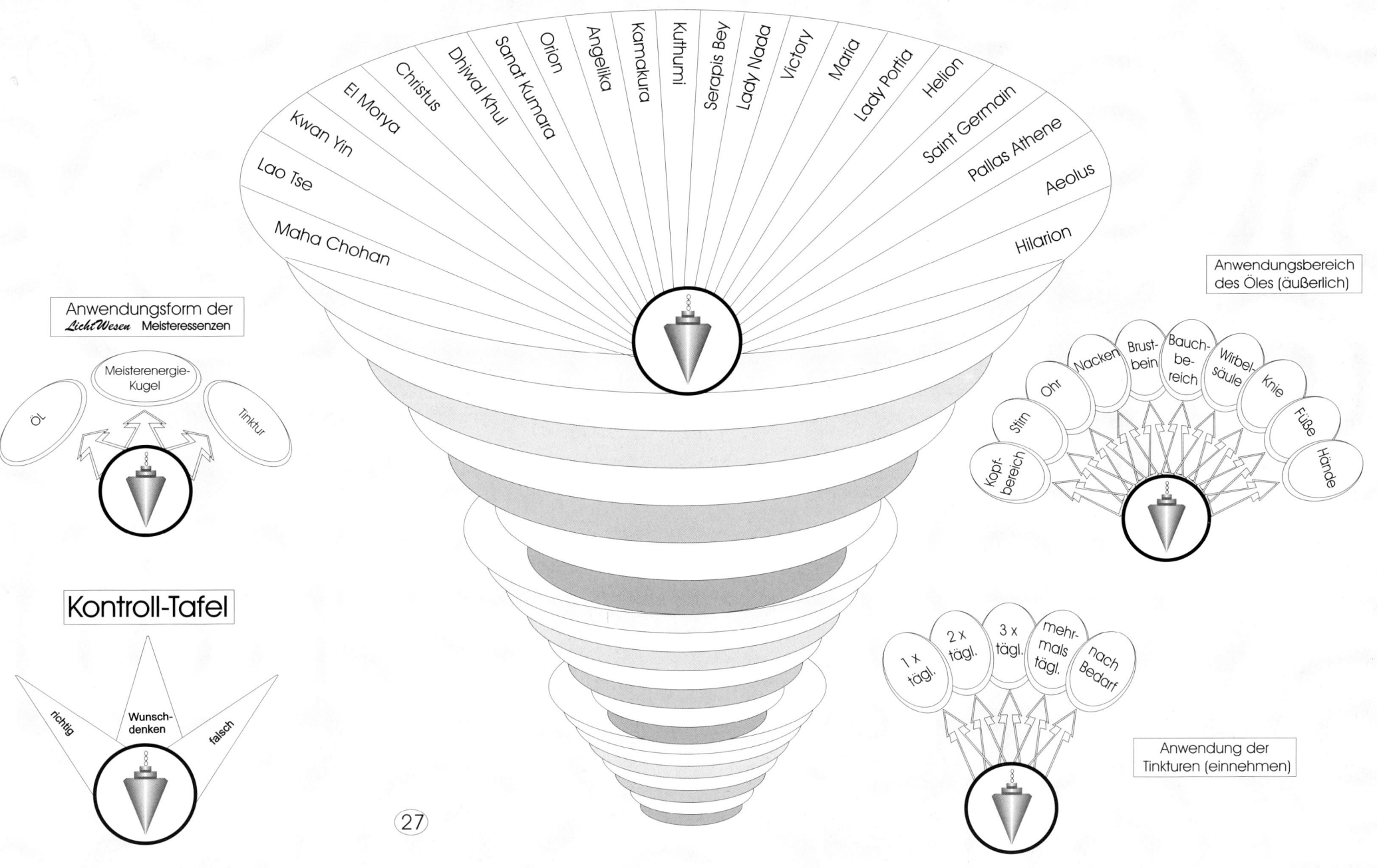

LichtWesen Meisteressenzen

Kwan Yin
El Morya
Christus
Dhiwal Khul
Sanat Kumara
Orion
Angelika
Kamakura
Kuthumi
Serapis Bey
Lady Nada
Victory
Maria
Lady Portia
Helion
Saint Germain
Pallas Athene
Aeolus
Lao Tse
Maha Chohan
Hilarion

Anwendungsform der LichtWesen Meisteressenzen

Öl
Meisterenergie-Kugel
Tinktur

Kontroll-Tafel

richtig
Wunsch-denken
falsch

Anwendungsbereich des Öles (äußerlich)

Kopf-bereich
Stirn
Ohr
Nacken
Brust-bein
Bauch-be-reich
Wirbel-säule
Knie
Füße
Hände

Anwendung der Tinkturen (einnehmen)

1 x tägl.
2 x tägl.
3 x tägl.
mehr-mals tägl.
nach Bedarf

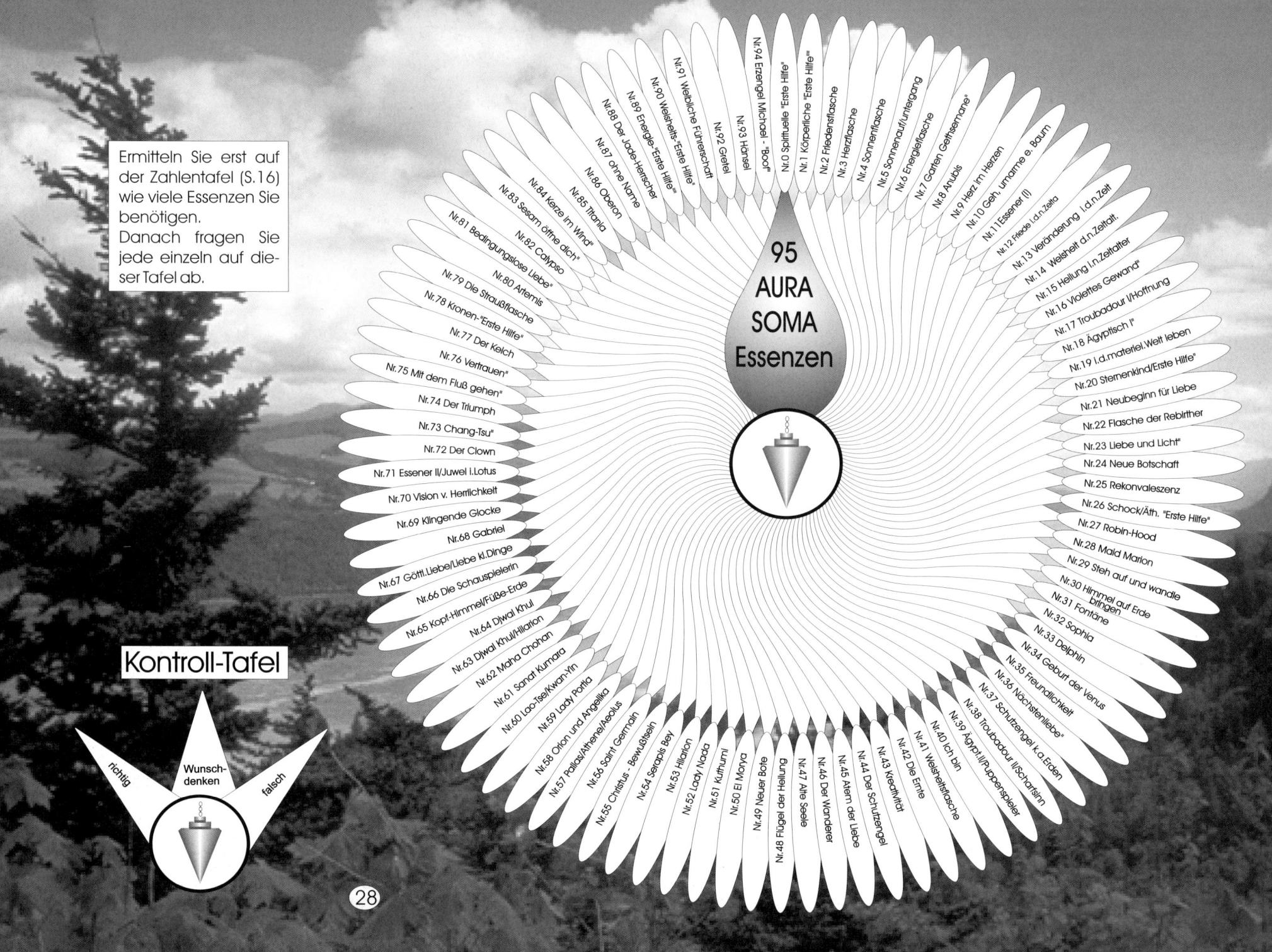

Ermitteln Sie erst auf der Zahlentafel (S.16) wie viele Essenzen Sie benötigen.
Danach fragen Sie jede einzeln auf dieser Tafel ab.

95 AURA SOMA Essenzen

Kontroll-Tafel

richtig · Wunsch-denken · falsch

28

Nr.0 Spirituelle "Erste Hilfe"
Nr.1 Körperliche "Erste Hilfe"
Nr.2 Friedensflasche
Nr.3 Herzflasche
Nr.4 Sonnenflasche
Nr.5 Sonnenauf/untergang
Nr.6 Energieflasche
Nr.7 Garten Gethsemane"
Nr.8 Anubis
Nr.9 Herz im Herzen
Nr.10 Geh, umarme e. Baum
Nr.11 Essener (I)
Nr.12 Friede i.d.n.Zeita
Nr.13 Veränderung i.d.n.Zeit
Nr.14 Weisheit d.n.Zeita
Nr.15 Heilung i.n.Zeitalter
Nr.16 Violettes Gewand"
Nr.17 Troubadour I/Hoffnung
Nr.18 Ägyptisch I"
Nr.19 i.d.materiel.Welt leben
Nr.20 Sternenkind/Erste Hilfe"
Nr.21 Neubeginn für Liebe
Nr.22 Flasche der Rebirther
Nr.23 Liebe und Licht"
Nr.24 Neue Botschaft
Nr.25 Rekonvaleszenz
Nr.26 Schock/Äth. "Erste Hilfe"
Nr.27 Robin-Hood
Nr.28 Maid Marion
Nr.29 Steh auf und wandle
Nr.30 Himmel auf Erde bringen
Nr.31 Fontäne
Nr.32 Sophia
Nr.33 Delphin
Nr.34 Geburt der Venus
Nr.35 Freundlichkeit
Nr.36 Nächstenliebe
Nr.37 Schutzengel k.d.Erden
Nr.38 Troubadour II/Scharfsinn
Nr.39 Ägypt.II/Puppenspieler
Nr.40 Ich bin
Nr.41 Weisheitsflasche
Nr.42 Die Ernte
Nr.43 Kreativität
Nr.44 Der Schutzengel
Nr.45 Atem der Liebe
Nr.46 Der Wanderer
Nr.47 Alte Seele
Nr.48 Flügel der Heilung
Nr.49 Neue Botschaft
Nr.50 El Morya
Nr.51 Kuthumi
Nr.52 Lady Nada
Nr.53 Hilarion
Nr.54 Serapis Bey
Nr.55 Christus - Bewußtsein
Nr.56 Saint Germain
Nr.57 Pallas/Athene/Aeolus
Nr.58 Orion und Angelika
Nr.59 Lady Portia
Nr.60 Lao-Tse/Kwan-Yin
Nr.61 Sanat Kumara
Nr.62 Maha Chohan
Nr.63 Djwal Khul/Hilarion
Nr.64 Djwal Khul
Nr.65 Kopf-Himmel/Füße-Erde
Nr.66 Die Schauspielerin
Nr.67 Göttl.Liebe/Liebe kl.Dinge
Nr.68 Gabriel
Nr.69 Klingende Glocke
Nr.70 Vision v. Herrlichkeit
Nr.71 Essener II/Juwel i.Lotus
Nr.72 Der Clown
Nr.73 Chang-Tsu"
Nr.74 Der Triumph
Nr.75 Mit dem Fluß gehen"
Nr.76 Vertrauen"
Nr.77 Der Kelch
Nr.78 Kronen-"Erste Hilfe"
Nr.79 Die Straußflasche
Nr.80 Artemis
Nr.81 Bedingungslose Liebe"
Nr.82 Calypso
Nr.83 Sesam öffne dich"
Nr.84 Kerze im Wind"
Nr.85 Titania
Nr.86 Oberon
Nr.87 ohne Name
Nr.88 Der Jade-Herrscher
Nr.89 Energie-"Erste Hilfe"
Nr.90 Weisheits-"Erste Hilfe"
Nr.91 Weibliche Führerschaft
Nr.92 Gretel
Nr.93 Hänsel
Nr.94 Erzengel Michael - "Boo!"

Ätherische Öle

Wie viele ätherischen Öle sollen benutzt werden?

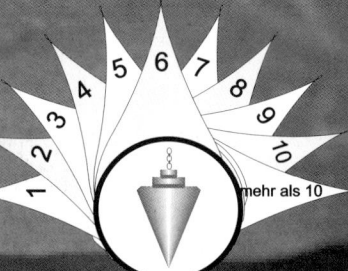

Auf welcher Karte steht das Öl, welches benutzt werden soll? (Bei mehreren Ölen nacheinander abfragen)

Wie soll das ätherische Öl angewendet werden?

Massageöl, Sitzbad, Fußbad, Vollbad / Badezusatz, Meersalzbad /Badezusatz, Aromalampe, Einnahme (stark verdünnt) (nie mehr als 2-3 Tropfen), Parfüm, Küche, Shampoo / Haarpflege, Nachtcreme, Tagescreme, Zahncreme, Blütenpotpourri

Inhalation, Gurgeln, Kompressen, Gesichtspflege, Hautpflege

Kontroll-Tafel

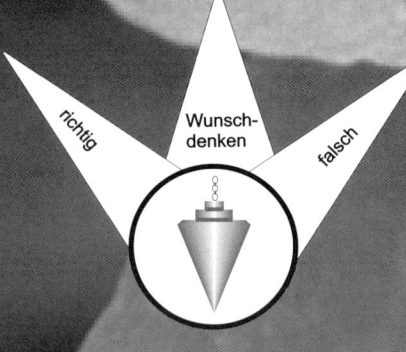

richtig, Wunsch-denken, falsch

Ist eine Verdünnung mit einem Basis-Öl notwendig?

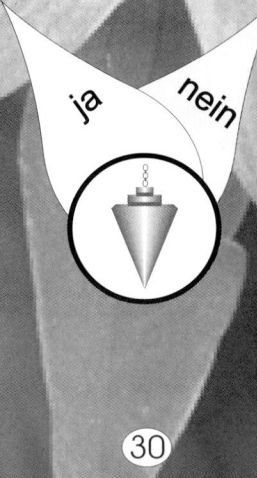

ja, nein

Welches Basis-Öl soll benutzt werden?

Jojobaöl, Mandelöl, Nachtkerzenöl, Olivenöl, Haselnußöl, Sonnenblumenöl, Avocadoöl, Weizenkeimöl, Aprikosenkernöl, Calendulaöl, Aloe Vera Öl, Heilerde

30

Ätherische Öle

Wie viele Tropfen sollen verwendet werden? (zuerst linke bzw. rechte Pendeltafel abfragen)

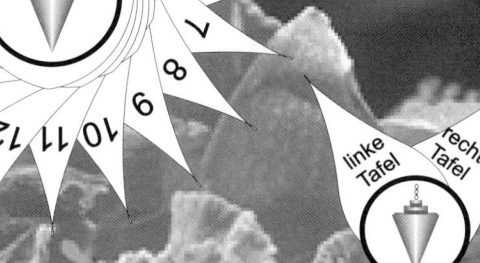

Auf wieviel ml Basis-Öl soll die Mischung erfolgen?

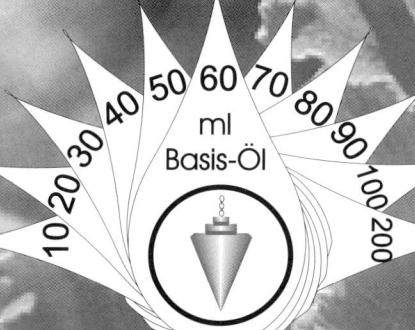

Kontroll-Tafel

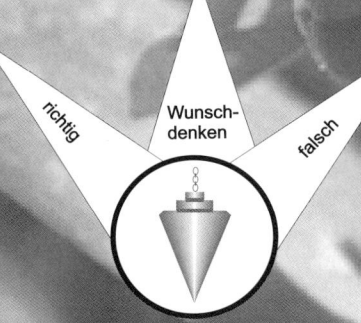

Wie oft soll das ätherische Öl bzw. die Mischung benutzt werden?

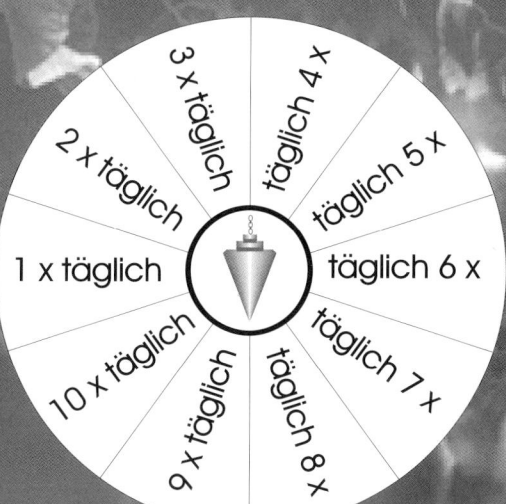

Wie lange soll das ätherische Öl bzw. die Mischung benutzt werden?

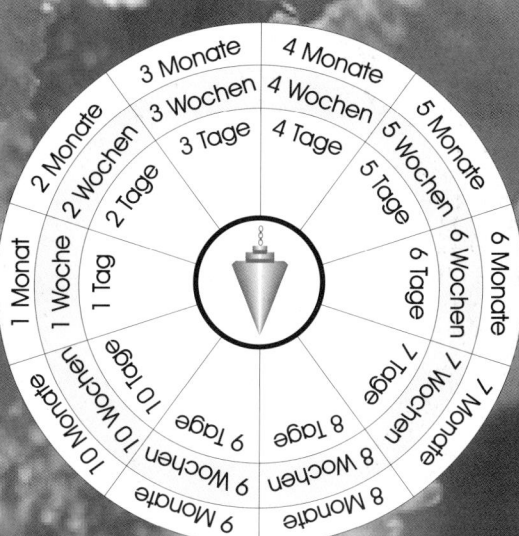

Ätherische Öle

Karte 1: Edeltanne · Eichenmoos · Angelikawurzel · Anis · Asant · Baldrian · Basilikum · Bay · Beifuß · Benzoe · Bergamotte · Bergbohnenkraut · Birke · Blutorange · Cajeput · Cananga · Cardamom · Cistrose · Citronella · Clementine · Coriander · Costuswurzel · Dill · Douglasie

Ätherische Öle Karte 1

Karte 2: Kakao · Kalmus · Eisenkraut · Elemi · Estragon · Eukalyptus · Eukalyptus citriodora · Fenchel · Fichtennadel · Galbanum · Geranie · Geranie-bourbon · Gingergras · Grapefruit · Guajakholz · Heiligenkraut · Ho-scho-Öl · Honig · Hopfen · Immortelle · Ingwer · Iris · Jasmin · Johanniskraut

Ätherische Öle Karte 2

Kontroll-Tafel

richtig · Wunsch-denken · falsch

32

Ätherische Öle

Ätherische Öle Karte 3

- Melisse officinalis
- Karotten
- Kamille blau
- Kamille römisch
- Kampfer
- Kiefernnadel
- Knoblauch
- Krauseminze
- Kreuzkümmel (Cumin)
- Kümmel (Carvi)
- Lärche
- Latschenkiefer
- Lavandin
- Lavendel extra
- Lavendel fein
- Lemongrass
- Limette
- Linaloe
- Litsea cubeba
- Lorbeerblatt
- Macisblüte
- Majoran
- Mandarine rot
- Mandarine grün

Ätherische Öle Karte 4

- Petitgrain
- Pfefferöl
- Melisse indicum
- Meerkiefer (Terpentin)
- Mimose
- Minze
- Moschuskörner
- Muskateller-Salbei
- Muskatnuß
- Myrrhe
- Myrte
- Narde
- Nelkenblätter
- Nelkenblüten
- Neroli
- Niaouli
- Opopanax
- Orange süß
- Orange bitter
- Origano
- Palmarosa
- Patchouli
- Perubalsam
- Petersilienkraut

Kontroll-Tafel

- richtig
- Wunsch-denken
- falsch

33

Ätherische Öle

Ätherische Öle Karte 5

Thuja · Thymian weiß · Pfefferminze · Piment · Pinie · Ravensara · Rose (Malrose) · Rose (bulg.) · Rose (türk.) · Rose (marokk.) · Rosenholz · Rosmarin · Salbei · Sandelholz · Santolin · Sassafras · Schafgarbe · Sellerie · Speiklavendel · Spearmint · Schopflavendel · Sternanis · Styrax · Teebaum (Tea-Tree)

Ätherische Öle Karte 6

Zwiebel · Zypresse · Thymian rot · Tolubalsam · Tonka · Tuberose · Vanille · Veilchen · Vetiver · Wacholderbeere · Wacholderholz · Weihrauch · Weißtanne · Wiesenkönigin · Wintergrün · Ylang-Ylang · Ysop · Zeder · Zimt (Cassia) · Zimtrinde · Zimtblatt · Zirbelkiefer · Zitrone grün · Zitrone gelb

Kontroll-Tafel

richtig · Wunsch-denken · falsch

34

Was soll benutzt werden

Holz / Äste
Knospen
Rinde
Früchte
Harz
Äth. Öl
Samen
Blüten
Blätter / Nadeln

Wie soll es benutzt werden

Umarmung
Meditation
als Lebensmittel
Tinktur
Abreibung
Tee
Waschung
Umschlag
Pulver / Gewürz
Bad
Einreibung
Salbe
Räucherung

Kontroll-Tafel

richtig
Wunsch-denken
falsch

Baum-Tafel

Ahorn
Apfel
Birke
Berberitze
Birne
Buche
Buchs
Eberesche
Eibe
Eiche
Erle
Esche
Fichte
Flieder
Hainbuche
Haselnuß
Holunder
Kastanie
Kiefer
Kirsche
Lärche
Linde
Lorbeer
Quitte
Schlehdorn
Tanne
Thuja
Ulme
Wacholder
Walnuß
Weide
Weißdorn
Zeder
Zwetschge
Zypresse
Zirbelkiefer

Tafel für die Räucherung mit Harzen, Balsamen und Hölzern

Kontroll-Tafel

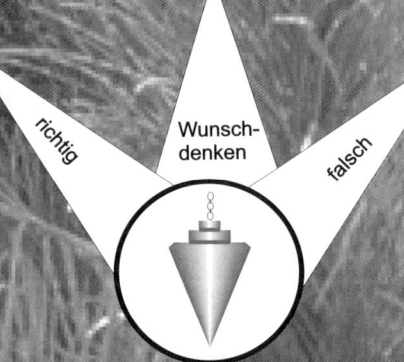

richtig | Wunsch-denken | falsch

Salbei
Aloe
Asphalt
Zimt
Zedernholz
Zypressenholz
Asant (Teufelsdreck)
Benzoe-Siam
Benzoe Sumatra
Wacholderholz
Weih-rauch
Cascarilla
Drachenblut
Terpentinharze
Galanga
Tolu-Balsam
Galgant
Sandelholz weiß
Galbanum
Storax
Sandelholz rot
Kalmus
Ginseng
Sandarak
Opoponax
Kopal
Kampfer
Myrrhe
Mastix
Diptam

36

Diagnose - Tafeln

Körperliche Krankheitsverursacher

Tabak
Alkohol
Cholesterin
Kaffee
Säure-Mangel
Zucker
Säure-Überschuß
Weißmehl-Produkte
Störzonen
Fehlernährung allgemein
Zähne
körperliche Überanstrengung

Durch welche Ursache ist meine bzw. die Krankheit der Person ....XYZ.......... verursacht worden?

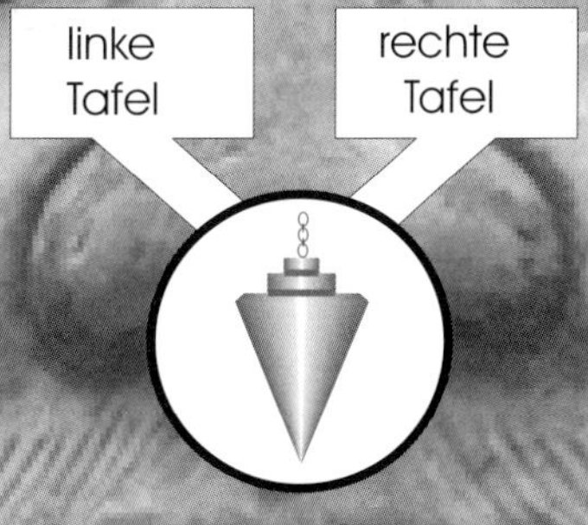

linke Tafel

rechte Tafel

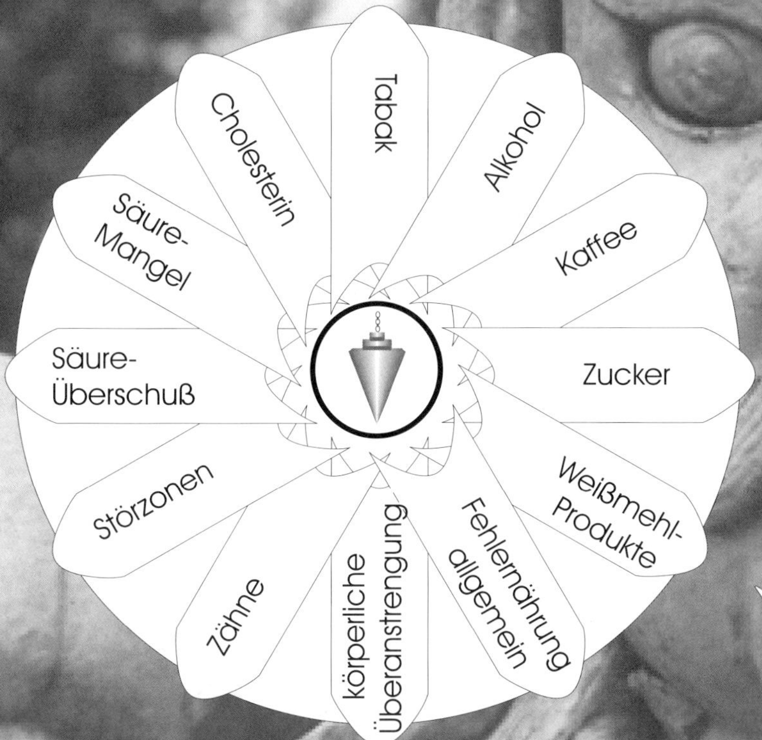

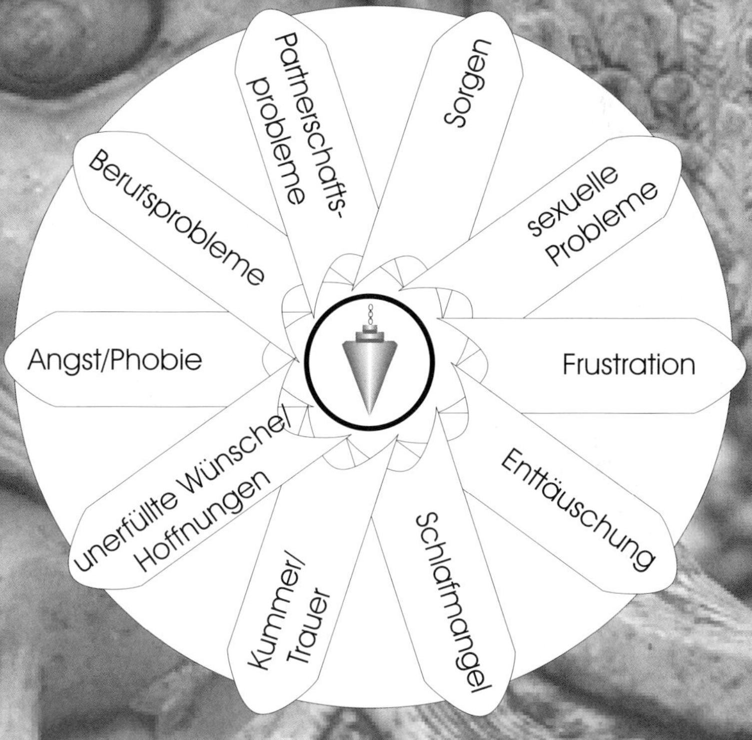

Kontroll-Tafel

richtig

Wunsch-denken

falsch

Psychische Krankheitsverursacher

Partnerschafts-probleme
Sorgen
Berufsprobleme
sexuelle Probleme
Angst/Phobie
Frustration
unerfüllte Wünsche/Hoffnungen
Enttäuschung
Kummer/Trauer
Schlafmangel

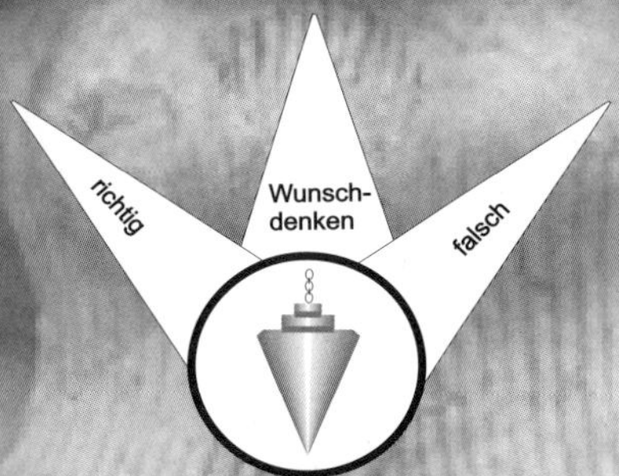

Diagnose - Tafeln

Bereich der Gesundheitsstörung

- Säureüberschuß
- Säuremangel
- Drüsensystem
- Lebenskraft
- Nervensystem
- Lymphsystem
- Sexualsystem
- Verdauungssystem
- Atmungssystem
- Skelettsystem
- Herzsystem
- Kreislaufsystem

Welche Bereiche sind von der Krankheit betroffen?
oder
In welchen Bereichen muß mit der Behandlung begonnen werden?

linke Tafel

rechte Tafel

Kontroll-Tafel

richtig

Wunsch-denken

falsch

Bereiche der inneren Organe

- Blase
- Harnleiter
- Nieren
- Nebennieren
- Leber
- Mast-/Dickdarm
- Dünndarm
- Zwölffingerdarm
- Blinddarm
- Herz
- Milz
- Galle
- Speiseröhre/Magen
- Bronchien/Lunge
- Kehlkopf
- Haut
- Gebährmutter
- Bauchspeicheldrüse
- Thymusdrüse
- Rückenmark
- Knochenmark
- Muskeln/Sehnen
- Venen
- Arterien
- Lymphbahnen
- Hoden/Eierstöcke

38

Diagnose - Tafeln

Kopf-/Hals-Bereich

Welche Bereiche sind von der Krankheit betroffen?
oder
In welchen Bereichen muß mit der Behandlung begonnen werden?

Skelett-Bereich

Augen
Mund
Zunge
Zähne
Nase
Ohren
Mandeln
Hypophyse
Kleinhirn
Haare
Großhirn
Zirbeldrüse
Kehle
Schilddrüse
Nebenhöhle
Hirnhaut

linke Tafel
rechte Tafel

Hüftgelenk
Ellbogengelenk
Nägel/Hände
Becken/Steiß
Nägel/Füße
Fußknöchel
Füße/Zehen
Hände/Finger
Knie
Schienbein
Oberschenkel
Schulter/Schlüsselbein
Brust/Rippen
Schädel
Arme
Kiefer
Wirbelsäule/Bandscheiben
Handknöchel

Kontroll-Tafel

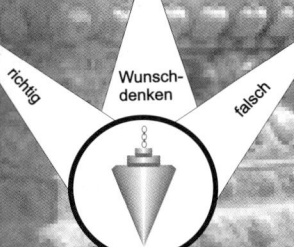

richtig
Wunsch-denken
falsch

39

Diagnose - Tafeln

Der systolische Blutdruck

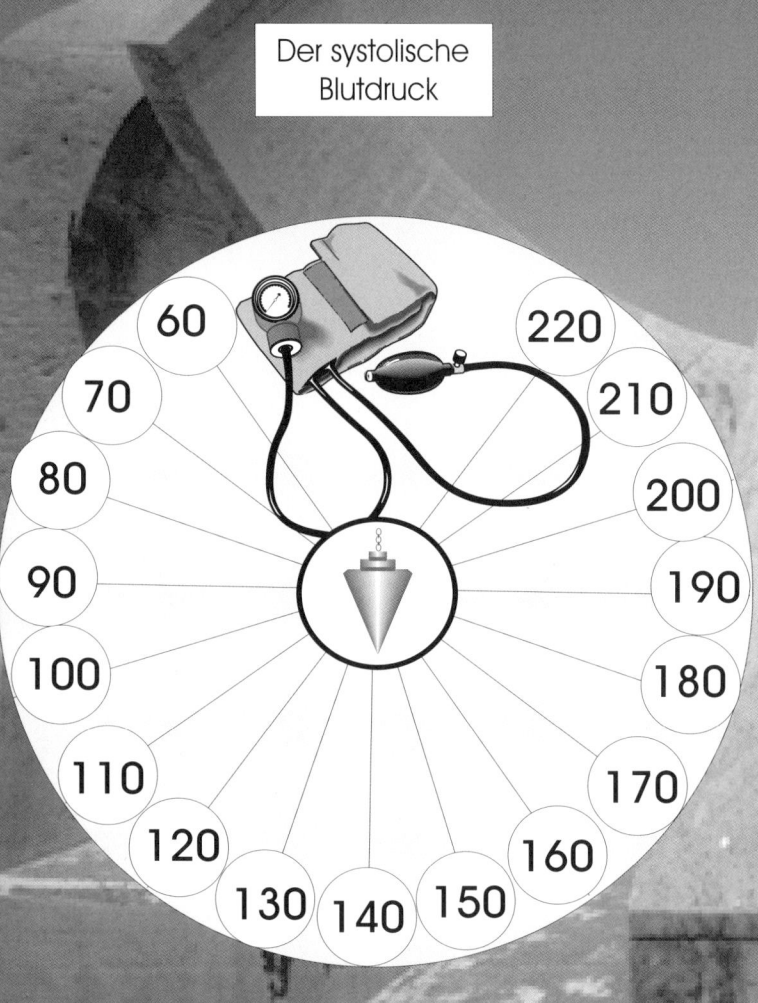

Wie hoch ist mein Blutdruck bzw. der Blutdruck der Person ...XYZ.....?
Erfragen Sie zuerst den systolischen, danach den diastolischen Druck.

Der diastolische Blutdruck

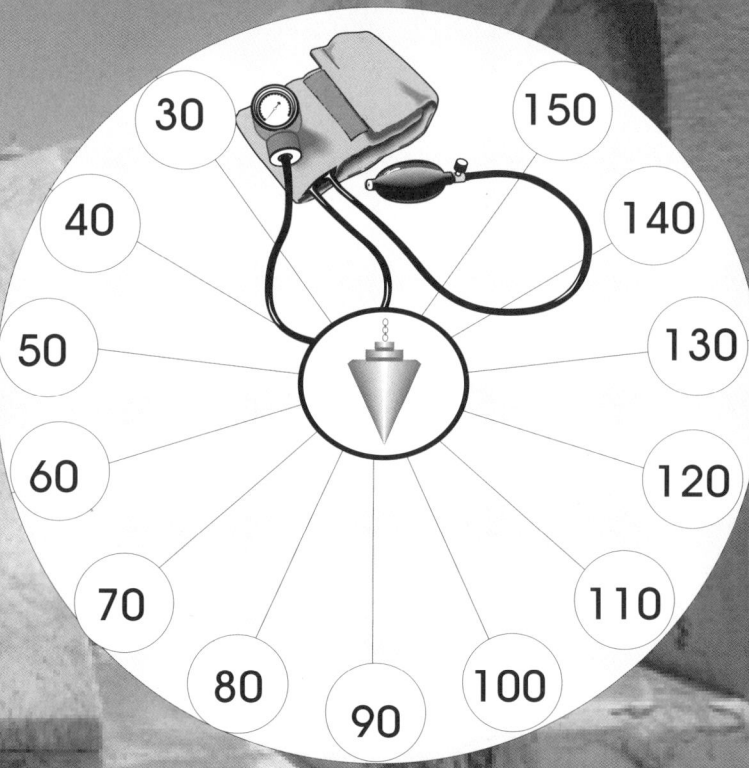

Kontroll-Tafel

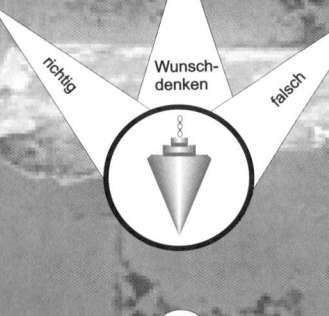

richtig — Wunschdenken — falsch

Es können auch mehrere Therapien notwendig sein. Erfragen Sie auf der Zahlen-Pendelkarte (S.16) wie viele es sind und pendeln Sie diese danach einzeln aus.

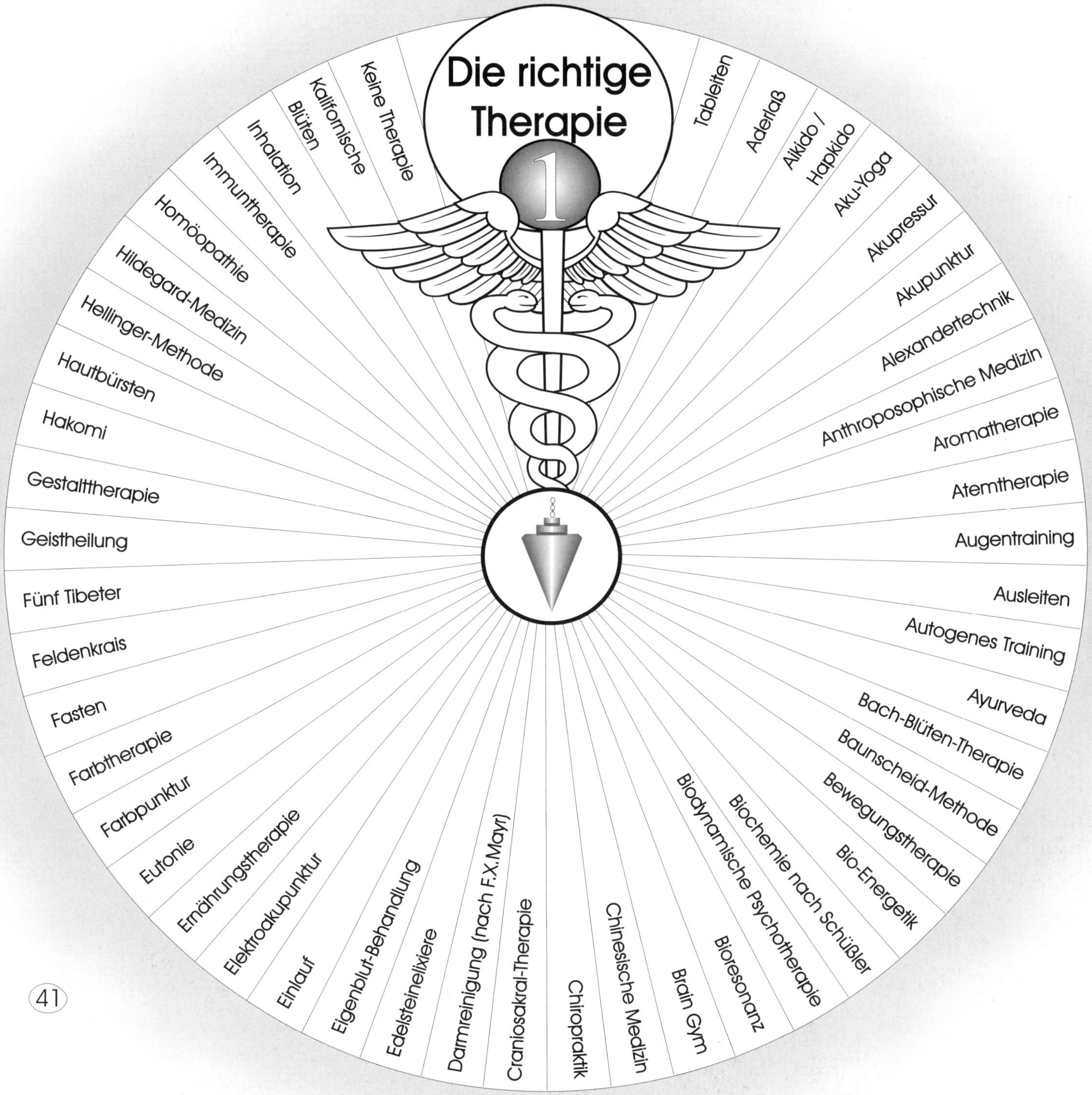

Die richtige Therapie

1

Keine Therapie
Kalifornische Blüten
Inhalation
Immuntherapie
Homöopathie
Hildegard-Medizin
Hellinger-Methode
Hautbürsten
Hakomi
Gestalttherapie
Geistheilung
Fünf Tibeter
Feldenkrais
Fasten
Farbtherapie
Farbpunktur
Eutonie
Ernährungstherapie
Elektroakupunktur
Einlauf
Eigenblut-Behandlung
Edelsteinelixiere
Darmreinigung (nach F.X.Mayr)
Craniosakral-Therapie
Chiropraktik
Chinesische Medizin
Brain Gym
Bioresonanz
Biodynamische Psychotherapie
Biochemie nach Schüßler
Bio-Energetik
Bewegungstherapie
Baunscheid-Methode
Bach-Blüten-Therapie
Ayurveda
Autogenes Training
Ausleiten
Augentraining
Atemtherapie
Aromatherapie
Anthroposophische Medizin
Alexandertechnik
Akupunktur
Akupressur
Aku-Yoga
Aikido / Hapkido
Aderlaß
Tabletten

Kontroll-Tafel

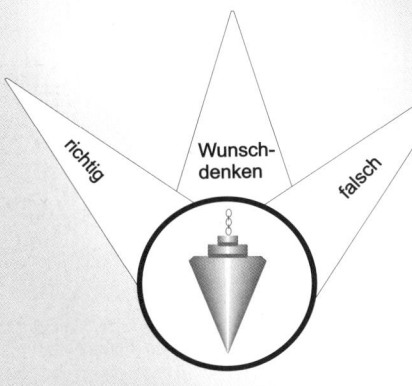

richtig

Wunsch-denken

falsch

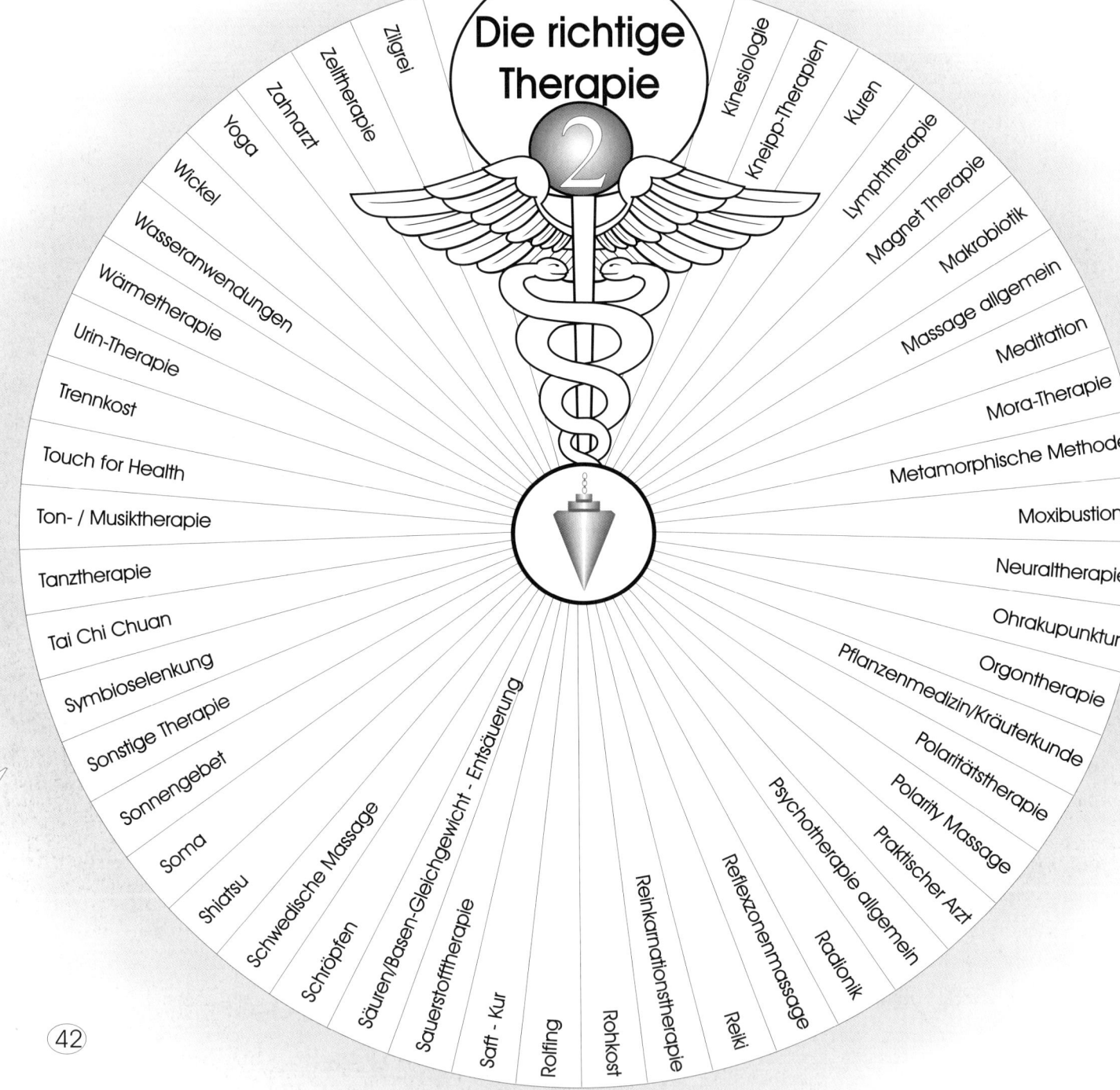

Es können auch mehrere Therapien notwendig sein. Erfragen Sie auf der Zahlen-Pendelkarte (S.16) wie viele es sind und pendeln Sie diese danach einzeln aus.

Kontroll-Tafel

richtig
Wunsch-denken
falsch

Die richtige Therapie

2

Zilgrei
Zahnarzt
Zeittherapie
Yoga
Wickel
Wasseranwendungen
Wärmetherapie
Urin-Therapie
Trennkost
Touch for Health
Ton- / Musiktherapie
Tanztherapie
Tai Chi Chuan
Symbioselenkung
Sonstige Therapie
Sonnengebet
Soma
Shiatsu
Schwedische Massage
Schröpfen
Säuren/Basen-Gleichgewicht - Entsäuerung
Sauerstofftherapie
Saft - Kur
Rolfing
Rohkost
Reinkarnationstherapie
Reiki
Reflexzonenmassage
Radionik
Psychotherapie allgemein
Praktischer Arzt
Polarity Massage
Polaritätstherapie
Pflanzenmedizin/Kräuterkunde
Orgontherapie
Ohrakupunktur
Neuraltherapie
Moxibustion
Metamorphische Methode
Mora-Therapie
Meditation
Massage allgemein
Makrobiotik
Magnet Therapie
Lymphtherapie
Kuren
Kneipp-Therapien
Kinesiologie

Homöopathie - Tafeln

Anmerkung:

Das Arbeiten mit homöopathischen Mitteln gehört nur in erfahrene Hände. Diese Tafeln sollen dazu dienen, um Heilpraktikern und Ärzten, die mit Homöopathie und Pendel arbeiten, zu unterstützen. Beim Auspendeln von homöopathischen Mitteln (Diagnose/Verschreibung) sind grundlegendes Wissen über die Homöopathie, viel Übung und Erfahrung mit dem Pendel, gesunder Menschenverstand und Praxis in der medizinischen Heilkunde unbedingt erforderlich!

Auf welcher Tafel finde ich das richtige Mittel für mich bzw für die Person ....XYZ...?

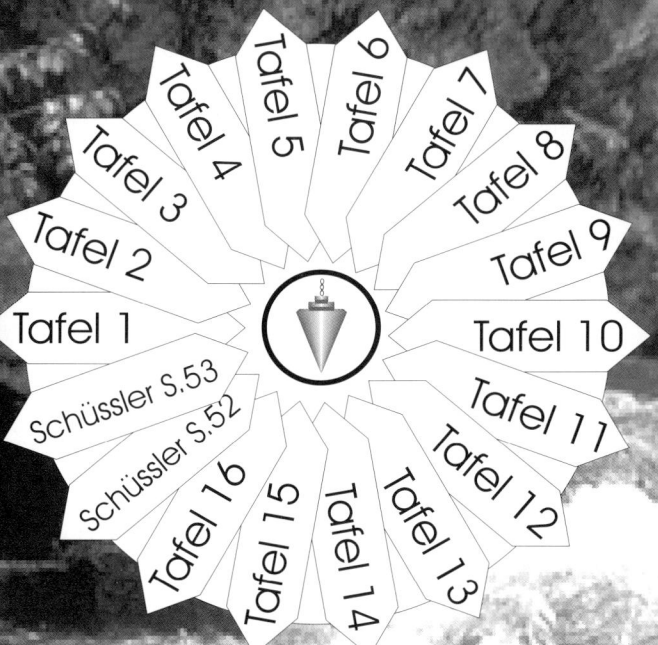

Kontroll-Tafel

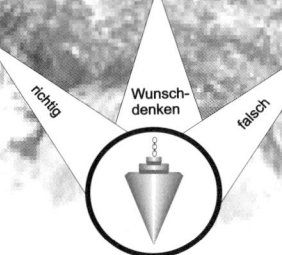

In welcher Form soll das Mittel eingenommen werden?

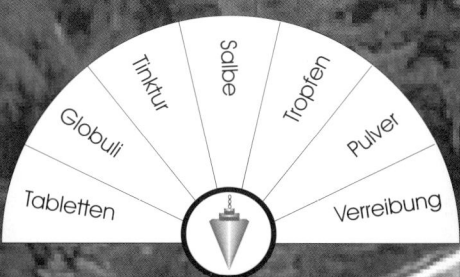

In welcher Potenz soll das Mittel eingenommen werden?

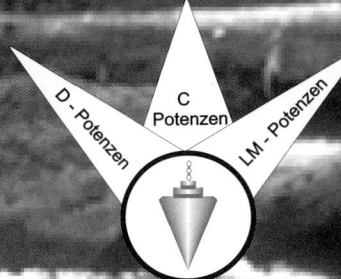

Wie lange soll das Mittel eingenommen werden?

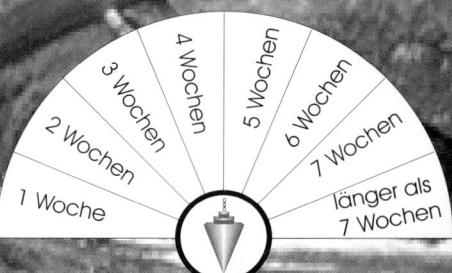

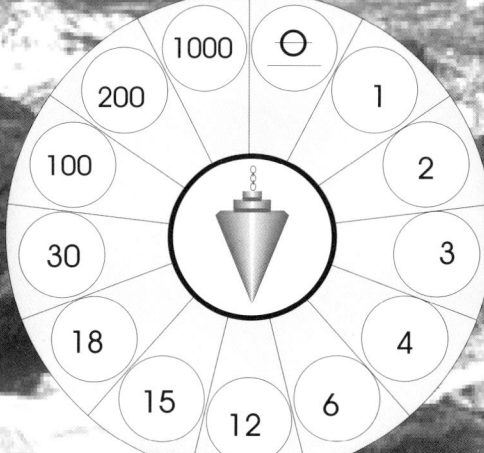

Wie oft soll das Mittel eingenommen werden?

Homöopathie - Tafeln

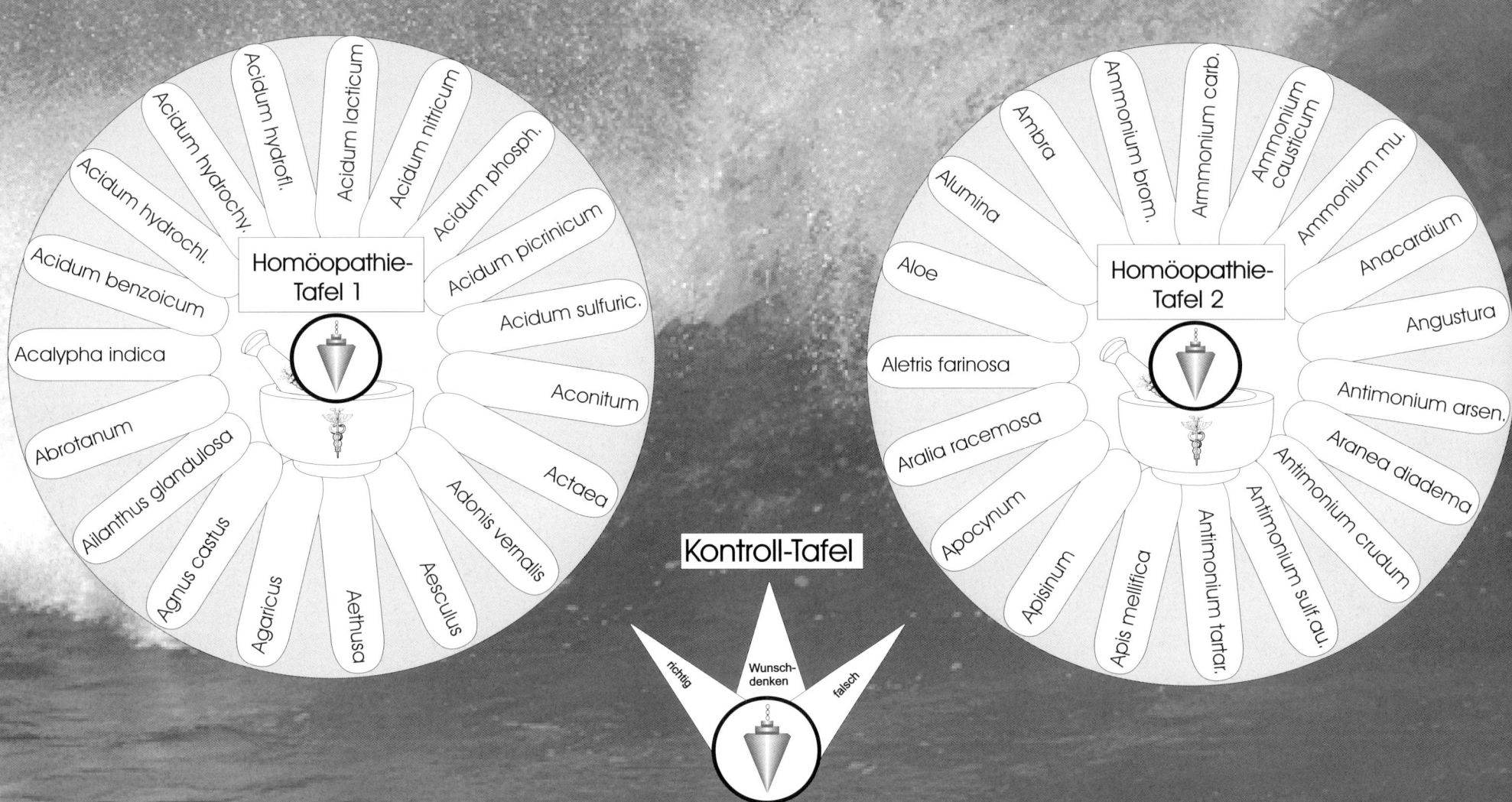

Homöopathie-Tafel 1

Acidum hydrofl.
Acidum lacticum
Acidum nitricum
Acidum hydrochv.
Acidum phosph.
Acidum hydrochl.
Acidum picrinicum
Acidum benzoicum
Acidum sulfuric.
Acalypha indica
Aconitum
Abrotanum
Actaea
Ailanthus glandulosa
Adonis vernalis
Agnus castus
Aesculus
Agaricus
Aethusa

Homöopathie-Tafel 2

Ammonium brom.
Ammonium carb.
Ambra
Ammonium causticum
Alumina
Ammonium mu.
Aloe
Anacardium
Aletris farinosa
Angustura
Antimonium arsen.
Aralia racemosa
Aranea diadema
Apocynum
Antimonium crudum
Apisinum
Antimonium sulf.au.
Apis mellifica
Antimonium tartar.

Kontroll-Tafel

richtig
Wunsch-denken
falsch

Homöopathie - Tafeln

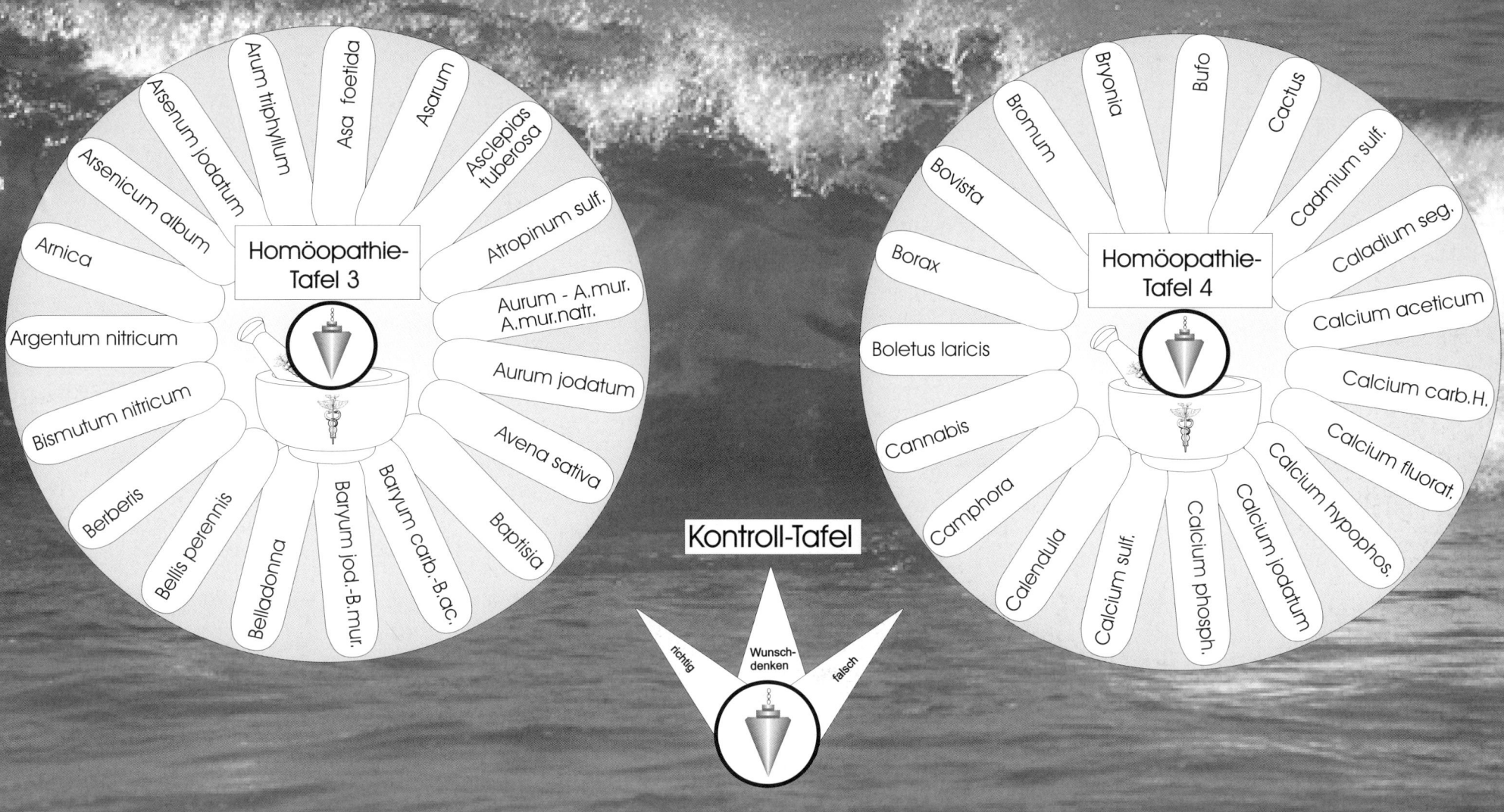

Homöopathie-Tafel 3

Arum triphyllum
Asa foetida
Asarum
Asclepias tuberosa
Arsenum jodatum
Arsenicum album
Atropinum sulf.
Arnica
Aurum - A.mur. A.mur.natr.
Argentum nitricum
Aurum jodatum
Bismutum nitricum
Avena sativa
Berberis
Baptisia
Bellis perennis
Baryum carb.-B.ac.
Belladonna
Baryum jod.-B.mur.

Homöopathie-Tafel 4

Bryonia
Bufo
Cactus
Bromum
Cadmium sulf.
Bovista
Caladium seg.
Borax
Calcium aceticum
Boletus laricis
Calcium carb.H.
Calcium fluorat.
Cannabis
Calcium hypophos.
Camphora
Calcium jodatum
Calendula
Calcium phosph.
Calcium sulf.

Kontroll-Tafel

richtig
Wunsch-denken
falsch

45

Homöopathie - Tafeln

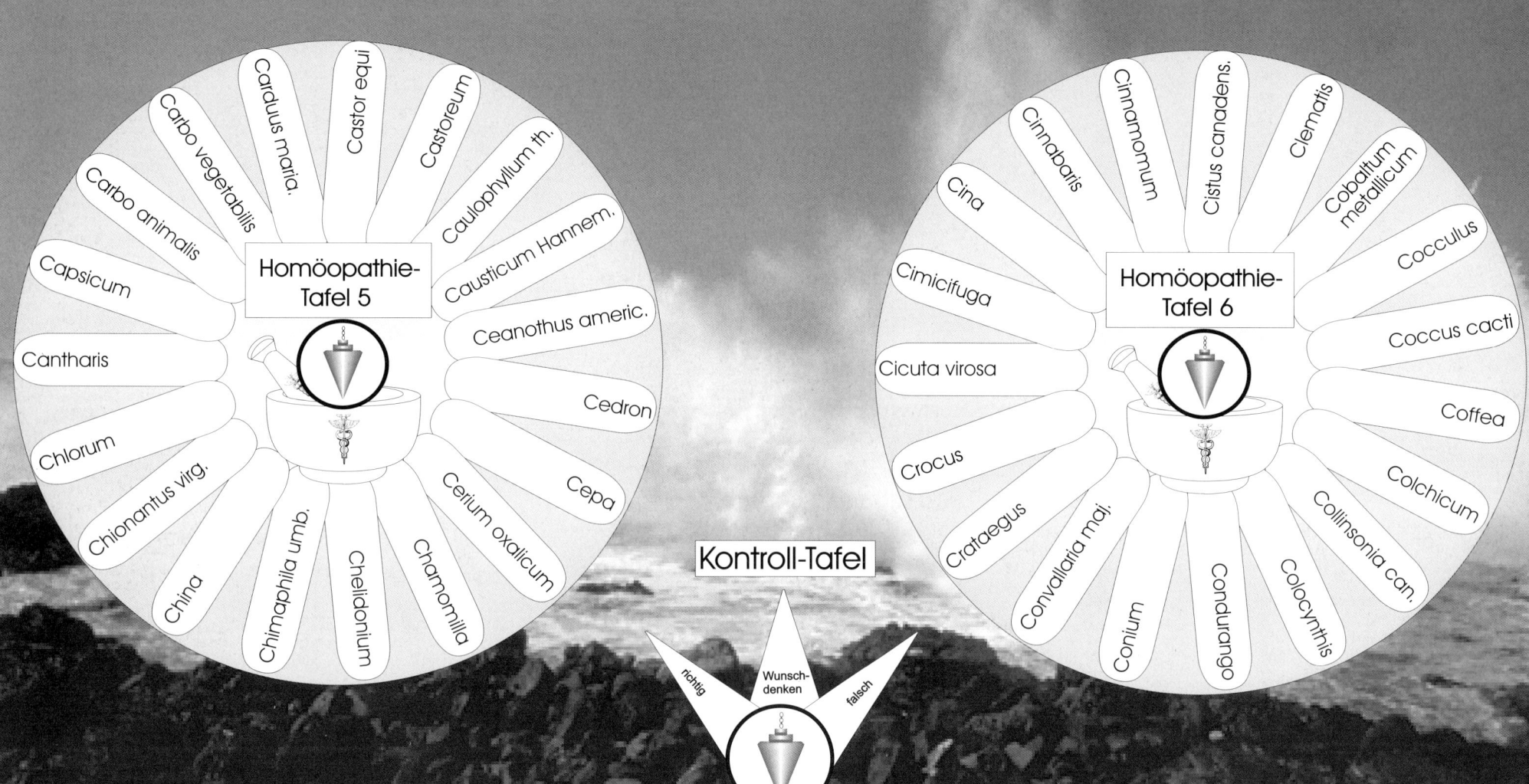

Homöopathie-Tafel 5

Carduus equi.
Castoreum
Caulophyllum th.
Causticum Hannem.
Ceanothus americ.
Cedron
Cepa
Cerium oxalicum
Chamomilla
Chelidonium
Chimaphila umb.
China
Chionantus virg.
Chlorum
Cantharis
Capsicum
Carbo animalis
Carbo vegetabilis
Carduus maria.
Castor equi

Homöopathie-Tafel 6

Cinnabaris
Cinnamomum
Cistus canadens.
Clematis
Cobaltum metallicum
Cocculus
Coccus cacti
Coffea
Colchicum
Collinsonia can.
Colocynthis
Condurango
Conium
Convallaria maj.
Crataegus
Crocus
Cicuta virosa
Cimicifuga
Cina

Kontroll-Tafel

richtig
Wunsch-
denken
falsch

46

Homöopathie - Tafeln

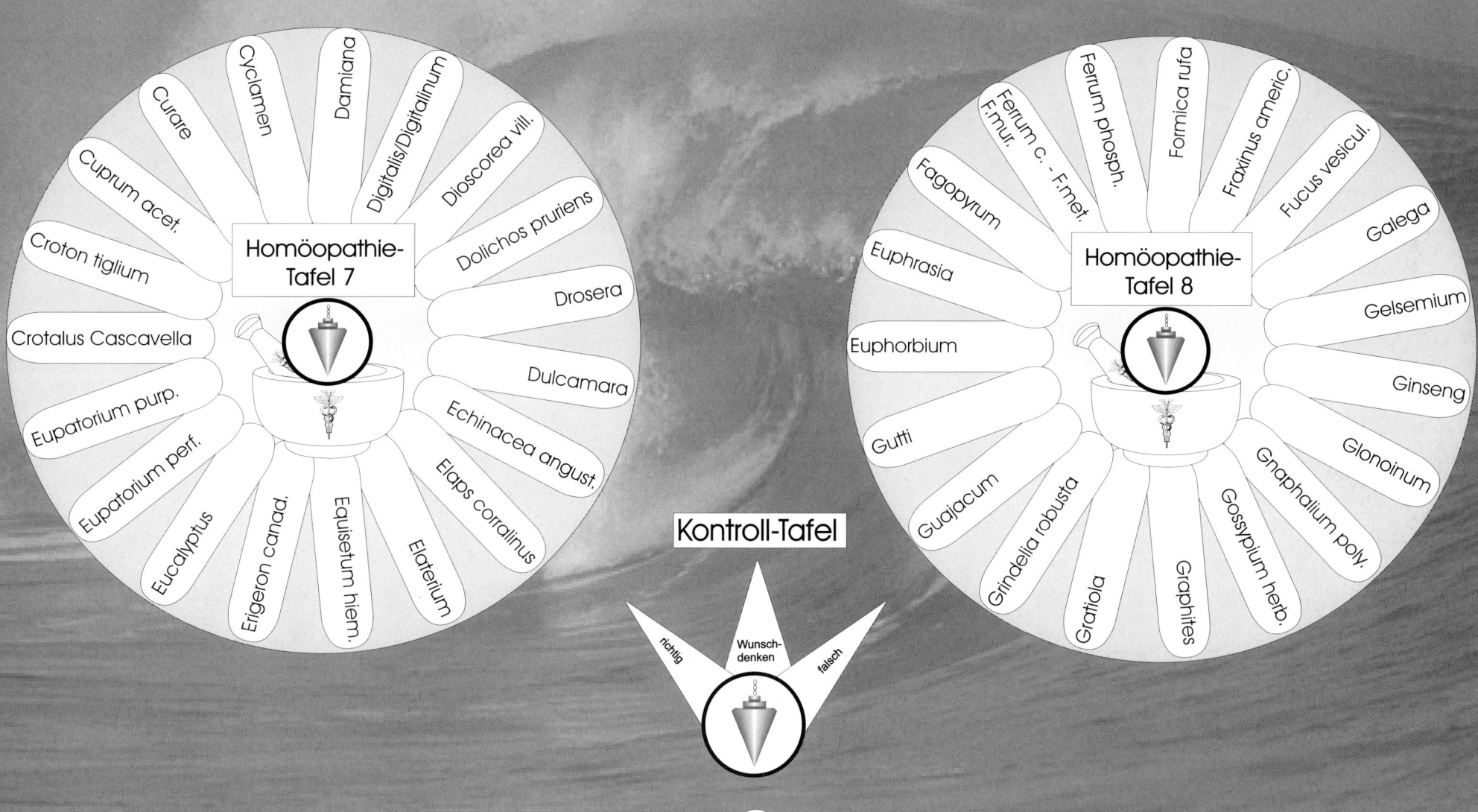

Homöopathie-Tafel 7

- Curare
- Cyclamen
- Damiana
- Digitalis/Digitalinum
- Dioscorea vill.
- Dolichos pruriens
- Drosera
- Dulcamara
- Echinacea angust.
- Elaps corralinus
- Elaterium
- Equisetum hiem.
- Erigeron canad.
- Eucalyptus
- Eupatorium perf.
- Eupatorium purp.
- Crotalus Cascavella
- Croton tiglium
- Cuprum acet.

Homöopathie-Tafel 8

- Ferrum c. - F.mur. - F.met.
- Ferrum phosph.
- Formica rufa
- Fraxinus americ.
- Fucus vesicul.
- Galega
- Gelsemium
- Ginseng
- Glonoinum
- Gnaphalium poly.
- Gossypium herb.
- Graphites
- Gratiola
- Grindelia robusta
- Guajacum
- Gutti
- Euphorbium
- Euphrasia
- Fagopyrum

Kontroll-Tafel

- richtig
- Wunsch-denken
- falsch

47

Homöopathie - Tafeln

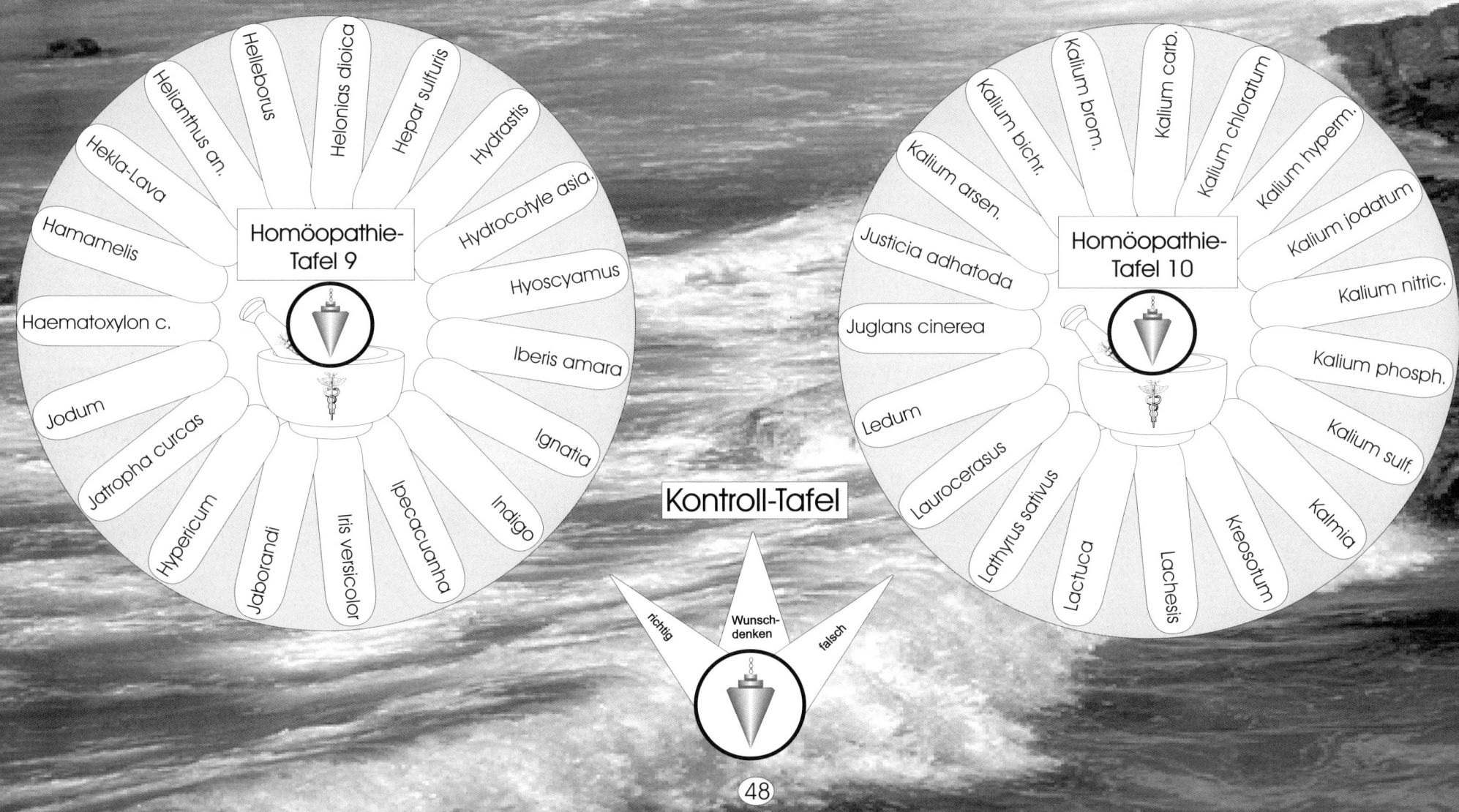

Homöopathie-Tafel 9

- Helleborus
- Helonias dioica
- Hepar sulfuris
- Hydrastis
- Helianthus an.
- Hekla-Lava
- Hamamelis
- Haematoxylon c.
- Jodum
- Jatropha curcas
- Hypericum
- Jaborandi
- Iris versicolor
- Ipecacuanha
- Indigo
- Ignatia
- Iberis amara
- Hyoscyamus
- Hydrocotyle asia.

Homöopathie-Tafel 10

- Kalium brom.
- Kalium carb.
- Kalium chloratum
- Kalium bichr.
- Kalium arsen.
- Justicia adhatoda
- Juglans cinerea
- Ledum
- Laurocerasus
- Lathyrus sativus
- Lactuca
- Lachesis
- Kreosotum
- Kalmia
- Kalium sulf.
- Kalium phosph.
- Kalium nitric.
- Kalium jodatum
- Kalium hyperm.

Kontroll-Tafel

- richtig
- Wunsch-denken
- falsch

48

Homöopathie - Tafeln

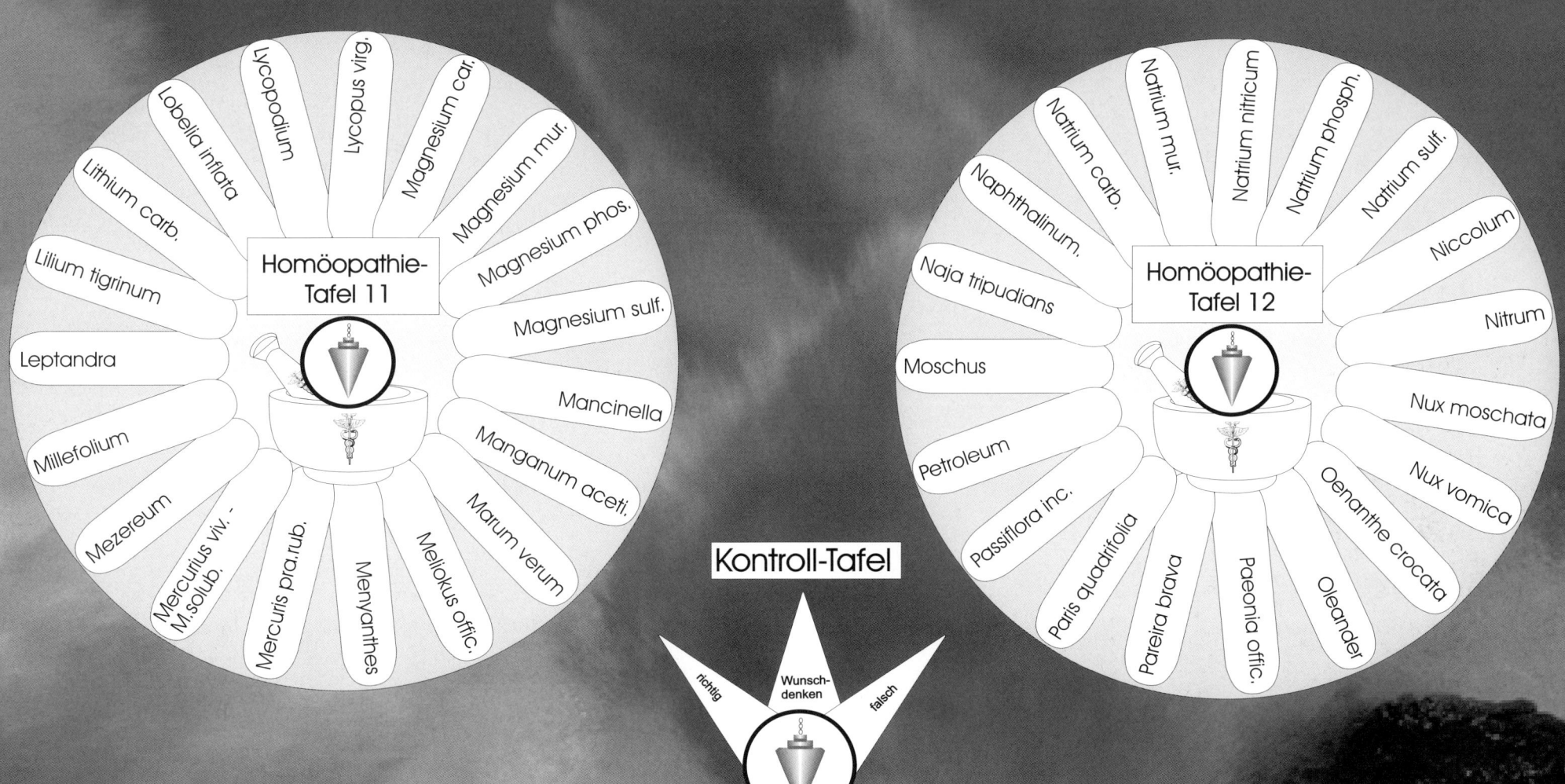

Homöopathie-Tafel 11

Lobelia inflata
Lycopodium
Lycopus virg.
Magnesium car.
Magnesium mur.
Magnesium phos.
Magnesium sulf.
Mancinella
Manganum aceti.
Marum verum
Meliokus offic.
Menyanthes
Mercuris pra.rub.
Mercurius viv. - M.solub.
Mezereum
Millefolium
Leptandra
Lilium tigrinum
Lithium carb.

Homöopathie-Tafel 12

Naphthalinum.
Natrium carb.
Natrium mur.
Natrium nitricum
Natrium phosph.
Natrium sulf.
Niccolum
Nitrum
Nux moschata
Nux vomica
Oenanthe crocata
Oleander
Paeonia offic.
Pareira brava
Paris quadrifolia
Passiflora inc.
Petroleum
Moschus
Naja tripudians

Kontroll-Tafel

richtig
Wunsch-denken
falsch

49

Homöopathie - Tafeln

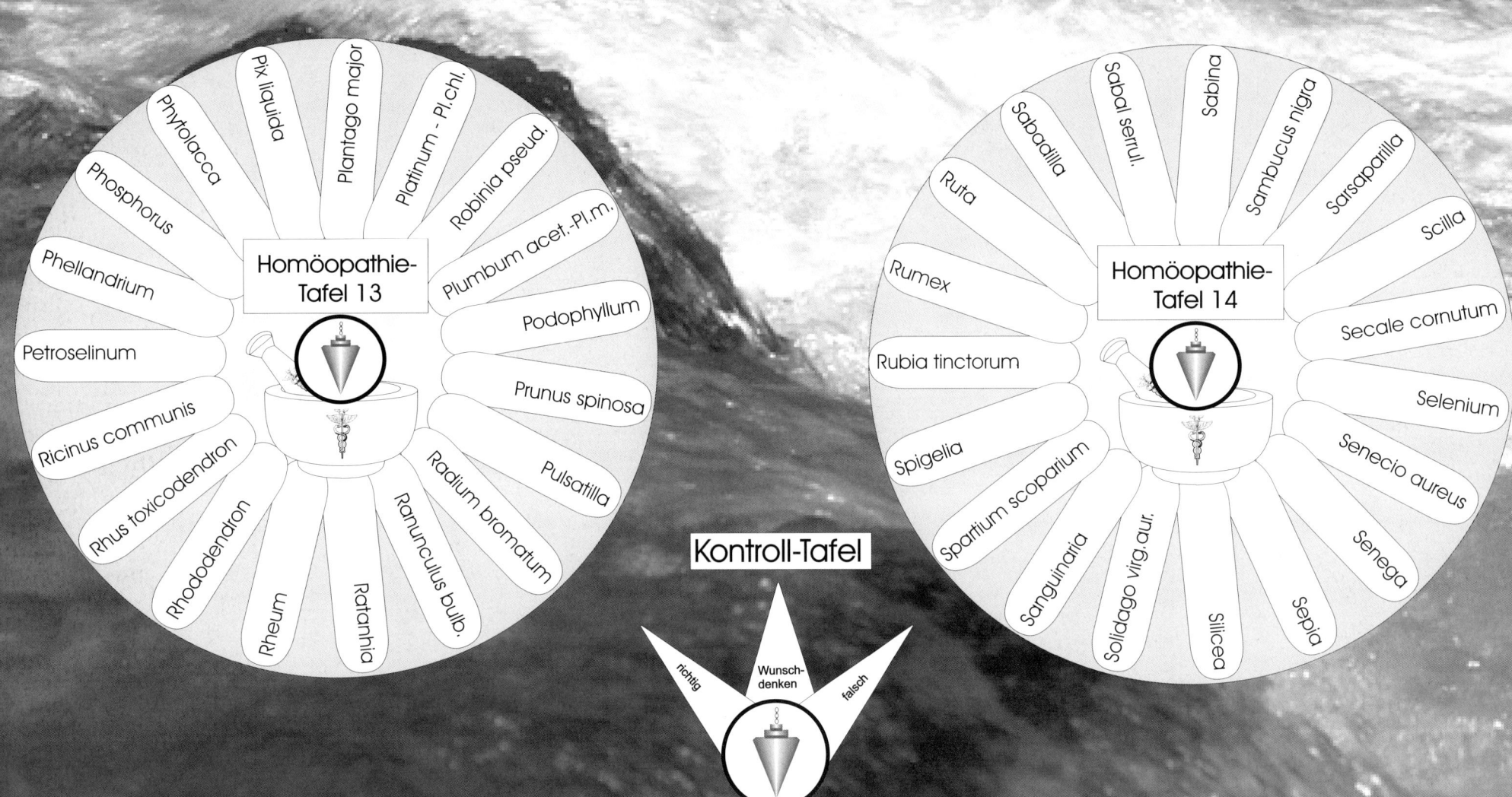

Homöopathie-Tafel 13

- Pix liquida
- Plantago major
- Platinum - Pl.chl.
- Phytolacca
- Robinia pseud.
- Phosphorus
- Plumbum acet.-Pl.m.
- Phellandrium
- Podophyllum
- Petroselinum
- Prunus spinosa
- Ricinus communis
- Pulsatilla
- Rhus toxicodendron
- Radium bromatum
- Rhododendron
- Ranunculus bulb.
- Rheum
- Ratanhia

Homöopathie-Tafel 14

- Sabadilla
- Sabal serrul.
- Sabina
- Sambucus nigra
- Ruta
- Sarsaparilla
- Rumex
- Scilla
- Rubia tinctorum
- Secale cornutum
- Selenium
- Spigelia
- Senecio aureus
- Spartium scoparium
- Senega
- Sanguinaria
- Solidago virg.aur.
- Silicea
- Sepia

Kontroll-Tafel

- richtig
- Wunsch-denken
- falsch

50

Homöopathie - Tafeln

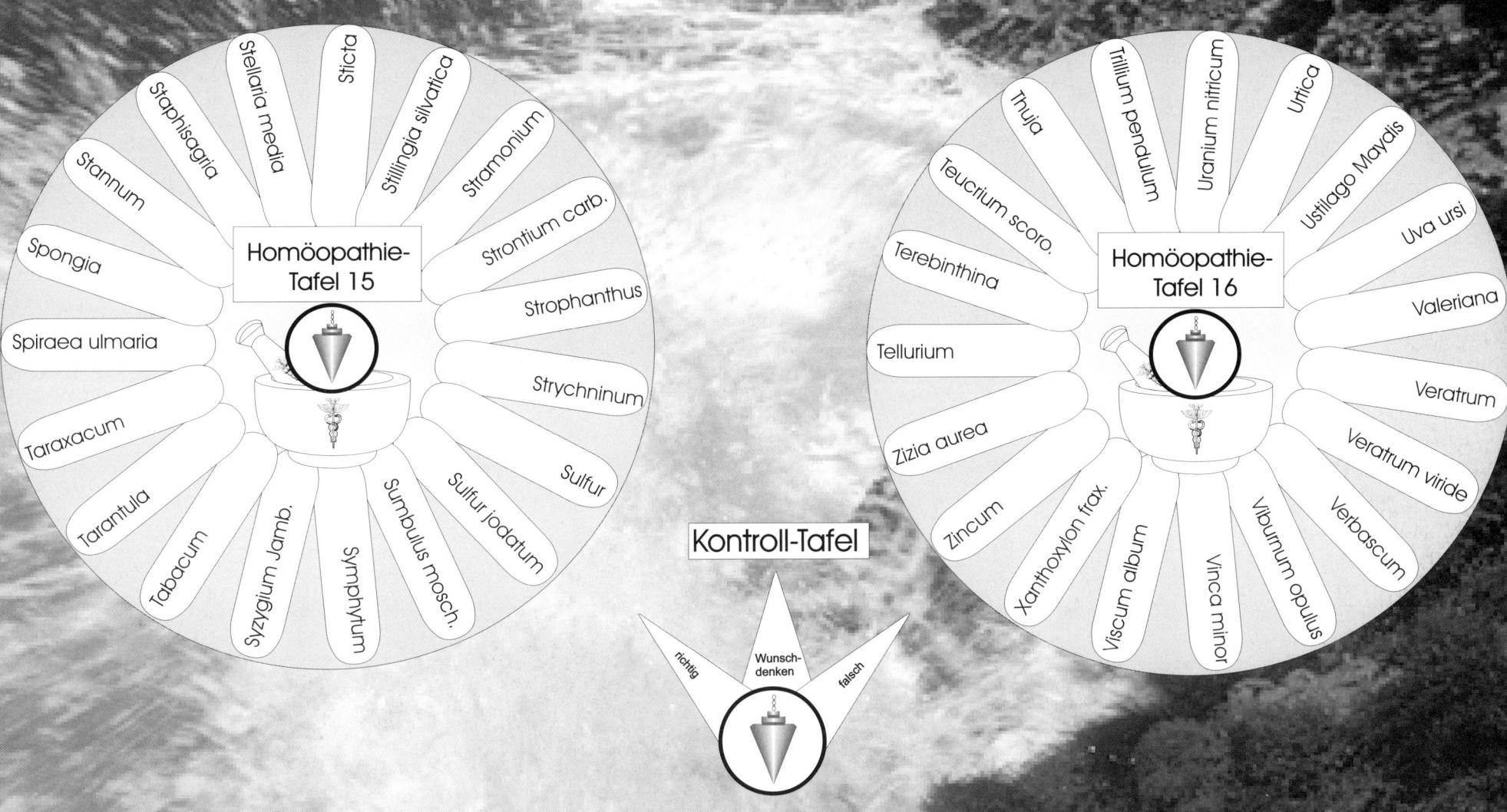

Homöopathie-Tafel 15

Stellaria media, Sticta, Stillingia silvatica, Staphisagria, Stramonium, Stannum, Strontium carb., Spongia, Strophanthus, Spiraea ulmaria, Strychninum, Taraxacum, Tarantula, Sulfur, Tabacum, Sulfur jodatum, Syzygium Jamb., Symphytum, Sumbulus mosch.

Homöopathie-Tafel 16

Trillium pendulum, Uranium nitricum, Thuja, Urtica, Teucrium scoro., Ustilago Maydis, Terebinthina, Uva ursi, Tellurium, Valeriana, Zizia aurea, Veratrum, Zincum, Veratrum viride, Xanthoxylon frax., Verbascum, Viscum album, Viburnum opulus, Vinca minor

Kontroll-Tafel

richtig, Wunsch-denken, falsch

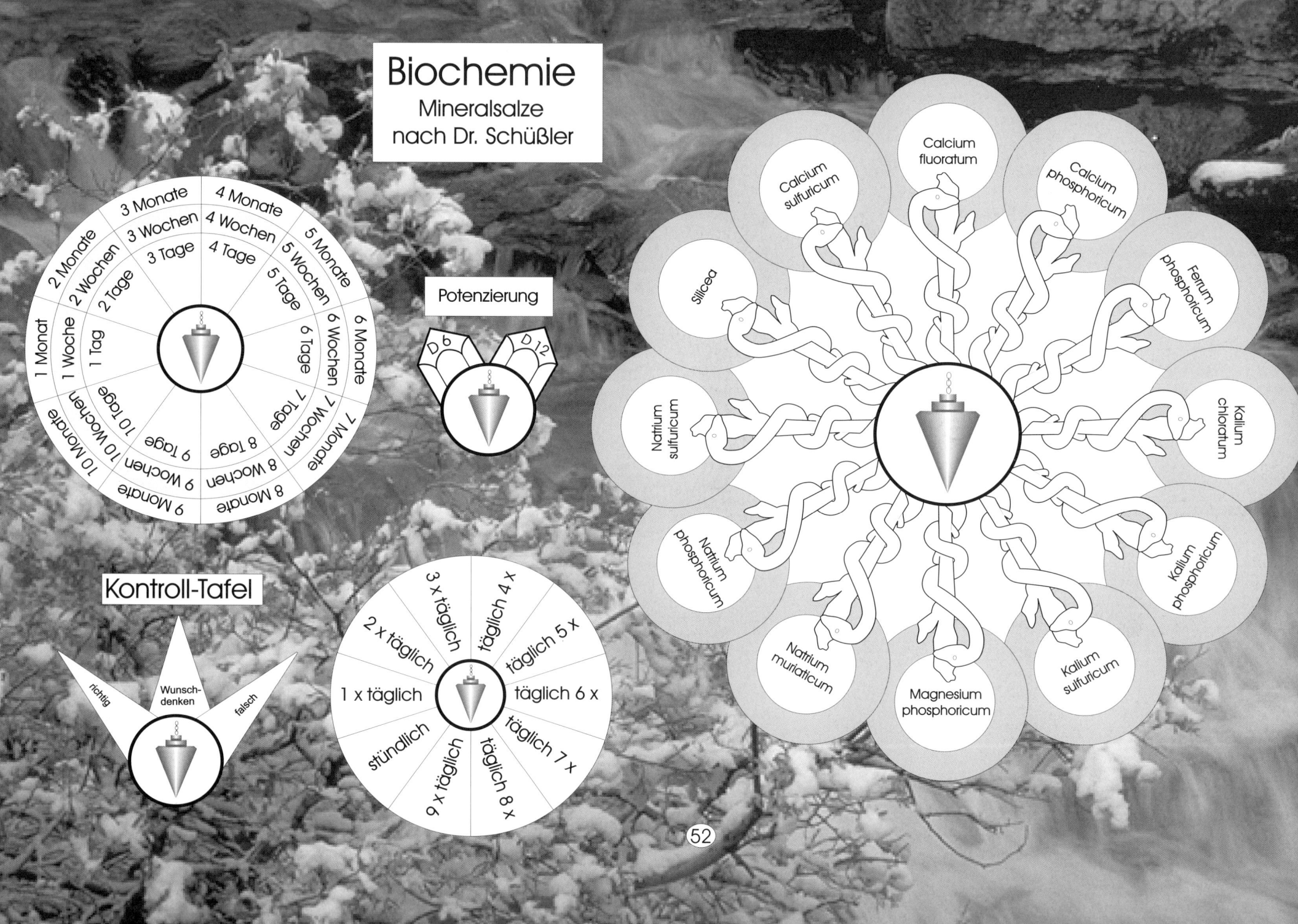

Biochemie
Mineralsalze
nach Dr. Schüßler

Potenzierung

D 6   D 12

Kontroll-Tafel

richtig   Wunsch-denken   falsch

3 Monate
4 Monate
3 Wochen
4 Wochen
2 Monate
2 Wochen
3 Tage
5 Monate
4 Tage
1 Monat
2 Tage
5 Wochen
1 Woche
1 Tag
5 Tage
6 Monate
10 Monate
10 Wochen
10 Tage
9 Tage
8 Tage
7 Tage
6 Tage
6 Wochen
9 Monate
9 Wochen
8 Monate
8 Wochen
7 Monate
7 Wochen

3 x täglich
täglich 4 x
2 x täglich
täglich 5 x
1 x täglich
täglich 6 x
stündlich
täglich 7 x
9 x täglich
täglich 8 x

Calcium sulfuricum
Calcium fluoratum
Calcium phosphoricum
Silicea
Ferrum phosphoricum
Natrium sulfuricum
Kalium chloratum
Natrium phosphoricum
Kalium phosphoricum
Natrium muriaticum
Magnesium phosphoricum
Kalium sulfuricum

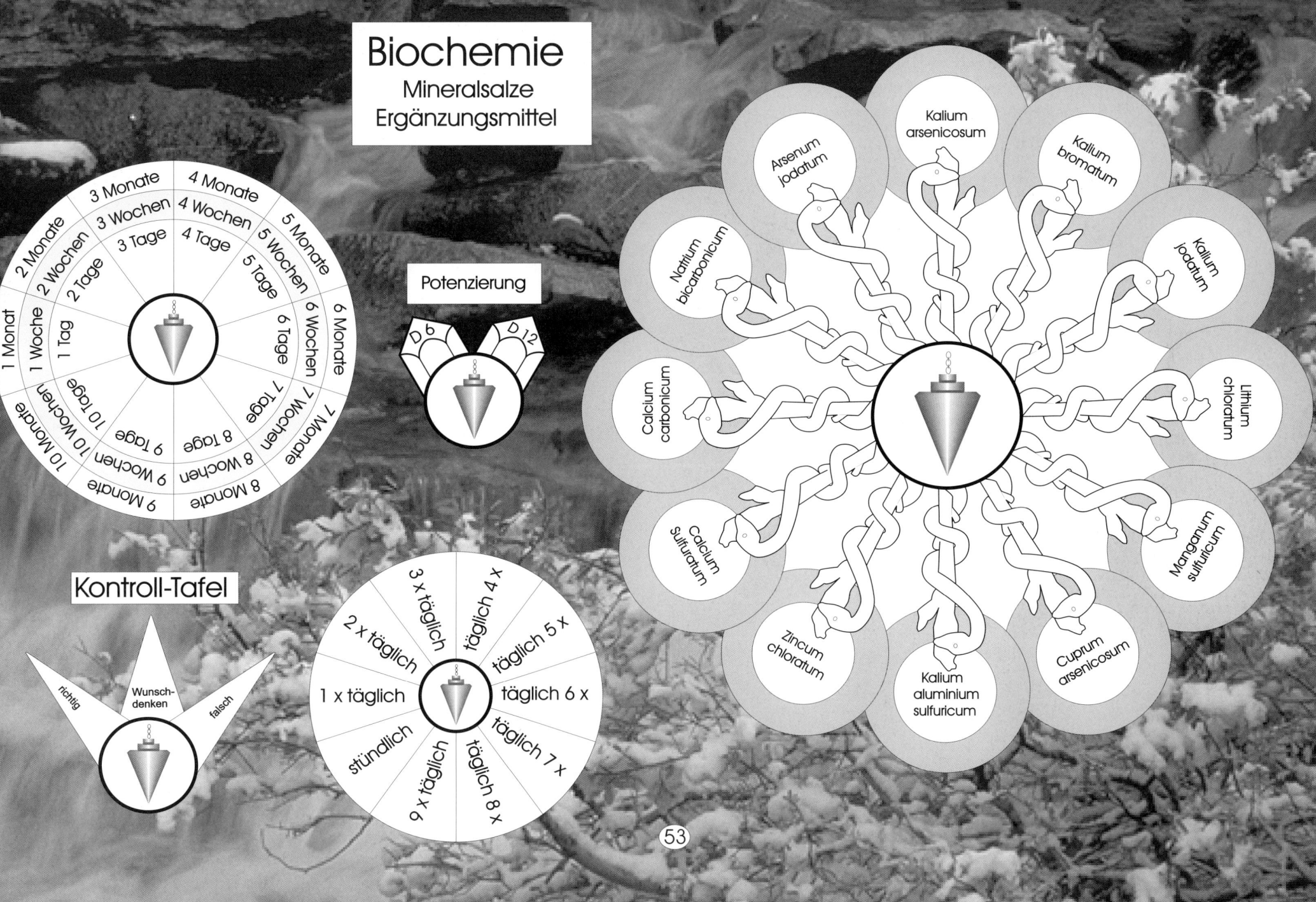

Biochemie
Mineralsalze
Ergänzungsmittel

Potenzierung

Kontroll-Tafel

richtig Wunsch-denken falsch

3 Monate · 4 Monate · 4 Wochen · 5 Monate · 3 Wochen · 3 Tage · 4 Tage · 5 Wochen · 2 Monate · 2 Wochen · 2 Tage · 5 Tage · 1 Monat · 1 Woche · 1 Tag · 6 Wochen · 6 Monate · 10 Tage · 6 Tage · 10 Wochen · 7 Tage · 7 Wochen · 7 Monate · 10 Monate · 9 Tage · 8 Tage · 8 Wochen · 9 Wochen · 8 Monate · 9 Monate

D 6 · D 12

3 x täglich · täglich 4 x · 2 x täglich · täglich 5 x · 1 x täglich · täglich 6 x · stündlich · täglich 7 x · 6 x täglich · täglich 8 x

Arsenum jodatum · Kalium arsenicosum · Kalium bromatum · Natrium bicarbonicum · Kalium jodatum · Calcium carbonicum · Lithium chloratum · Calcium sulfuratum · Manganum sulfuricum · Zincum chloratum · Kalium aluminium sulfuricum · Cuprum arsenicosum

53

Vitamin-Tafel

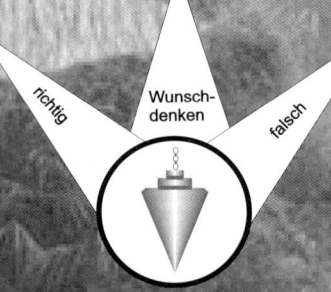

Kontroll-Tafel

richtig — Wunsch-denken — falsch

B Komplex · A · B 1 · B 2 · B 3 · B 6 · B 12 · B 13 · B 15 · B 17 · Biotin · C · Pantathen-Säure · Cholin · D · E · F · Folsäure · Inositol · K · Niacin · P · PABS · T · U

54

Mineralstoffe und Spurenelemente

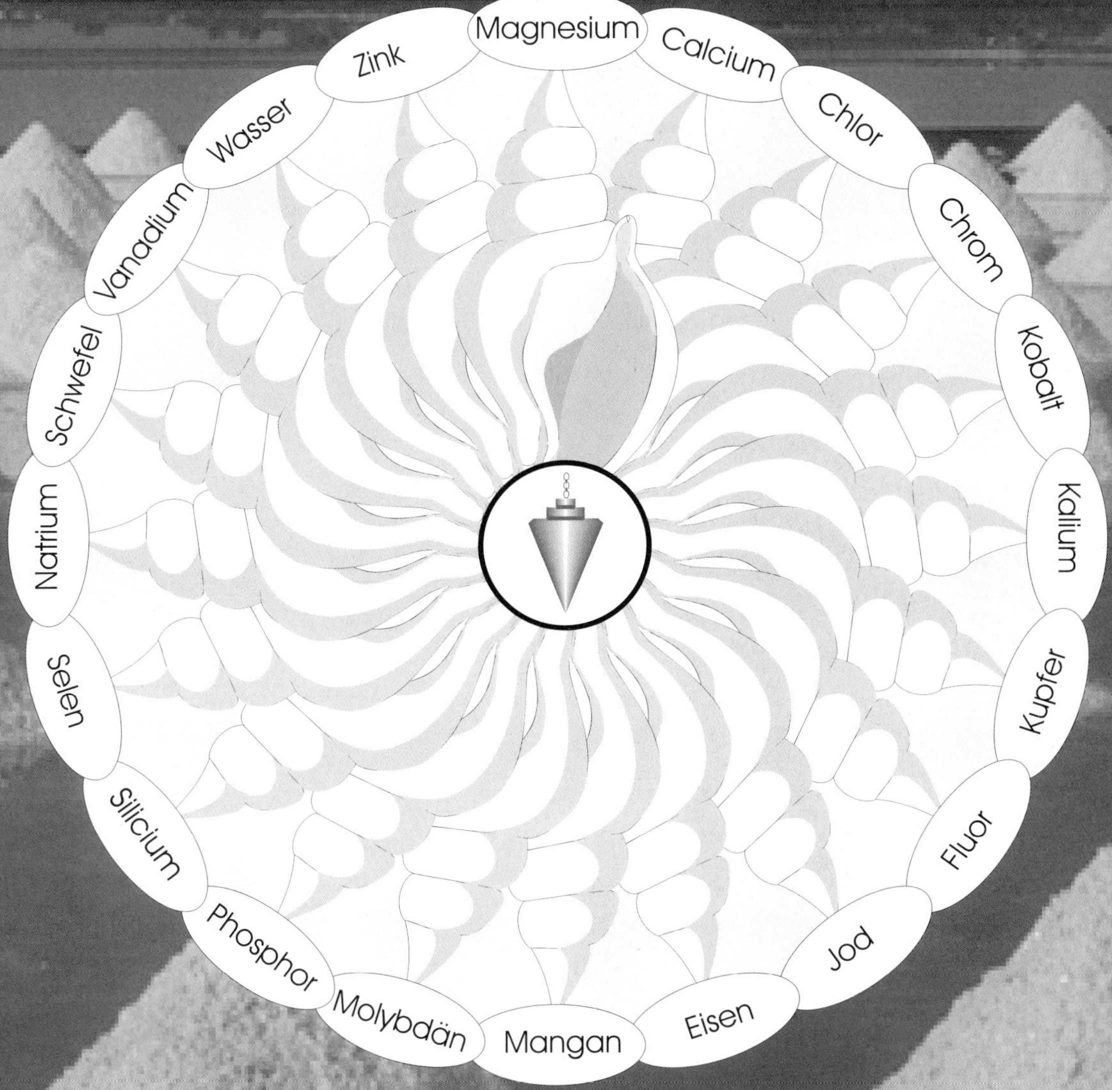

Kontroll-Tafel

richtig — Wunsch-denken — falsch

Magnesium
Calcium
Zink
Chlor
Wasser
Chrom
Vanadium
Kobalt
Schwefel
Kalium
Natrium
Kupfer
Selen
Fluor
Silicium
Jod
Phosphor
Eisen
Molybdän
Mangan

Ernährungstherapie
Sprossen und Keime

Wie viele Sorten Keime / Sprossen sollen gegessen werden?

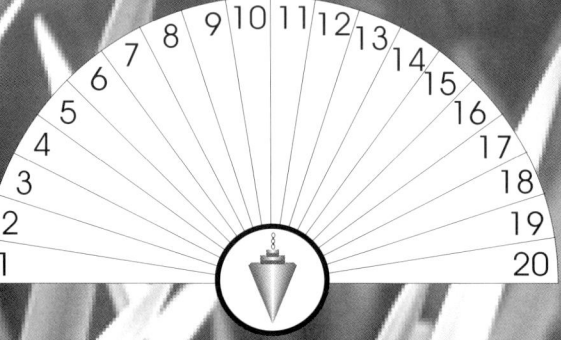

Wie oft sollen die Keime / Sprossen gegessen werden?

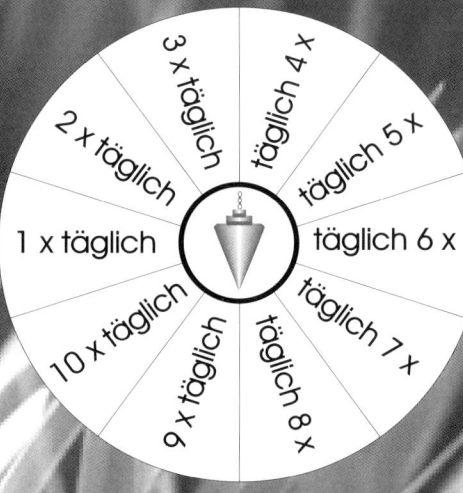

Welche Karte soll benutzt werden?

In welchen Mengen sollen die Keime / Sprossen gegessen werden?

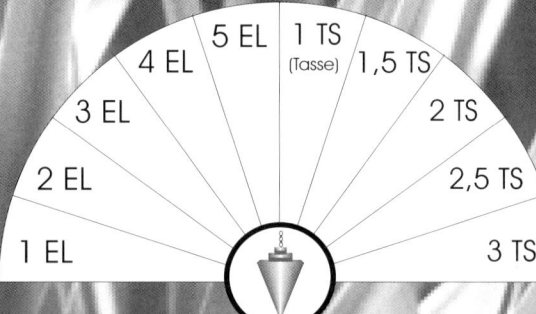

Kontroll-Tafel

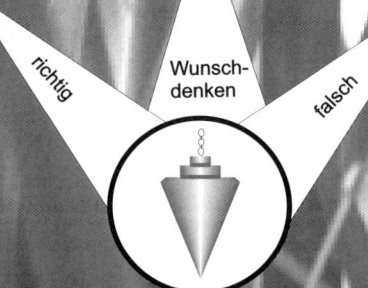

Wieviel ml Grassaft sollen getrunken werden?

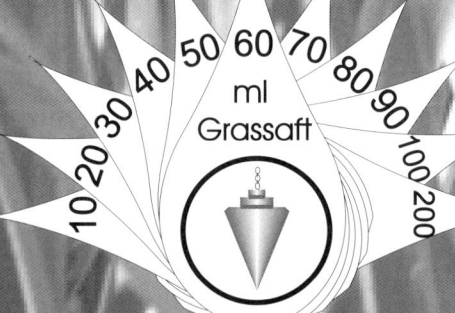

Wie lange sollen die Keime / Sprossen gegessen werden?

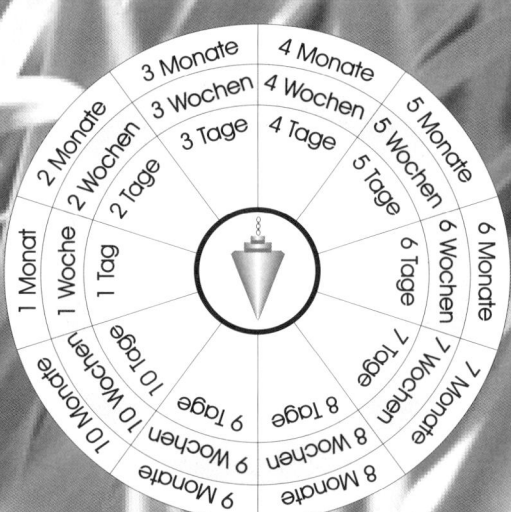

56

Ernährungstherapie
Sprossen und Keime

Sprossen und Keime

Grassäfte

Adzukibohnen
Bockshornklee
Buchweizen
Erbsen
Gerste
Hirse
Kichererbsen
Kresse
Kürbis
Linsen
Leinsamen
Luzerne (Alfalfa)
Mungbohnen
Rettich
Roggen
Senf
Sesam
Sojabohnen gelb
Sonnenblumenkerne
Weizen

Weizengrassaft
Gerstengrassaft
Hafergrassaft
Roggengrassaft

Kontroll-Tafel

richtig
Wunsch-denken
falsch

Tee - Tafeln

Auf welcher Tee-Tafel finde ich die richtige Sorte?

- Teetafel 1
- Teetafel 2
- Teetafel 3
- Teetafel 4

Wie lange soll der Tee ziehen?

- 3 Minuten
- 5 Minuten
- 7 Minuten
- 10 Minuten
- 15 Minuten
- 20 Minuten
- 30 Minuten

Aus wieviel Sorten Tee soll meine Teemischung bestehen?

1 2 3 4 5 6 7 8 9 10

Kontroll-Tafel

- richtig
- Wunsch-denken
- falsch

Wieviel Gramm der jeweiligen Sorte benötige ich für 1/4 Liter Wasser (aufgießen)?

- 5 Gramm
- 10 Gramm
- 15 Gramm
- 20 Gramm
- 25 Gramm
- 30 Gramm
- 35 Gramm

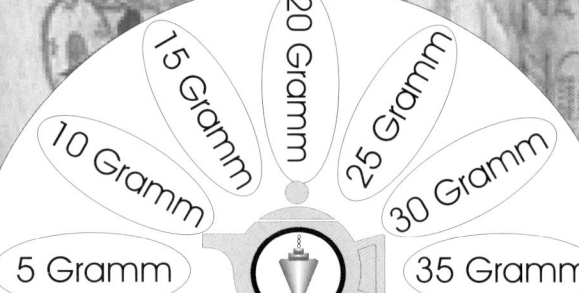

Wie oft täglich soll der Tee getrunken werden?

- 1x
- 2x
- 3x
- 4x
- 5x

Wie lange soll der Tee getrunken werden?

- 1 Tag
- 2 Tage
- 3 Tage
- 4 Tage
- 5 Tage
- 1 Wo.
- 2 Wo.
- 3 Wo.
- 4 Wo.
- 5 Wo.

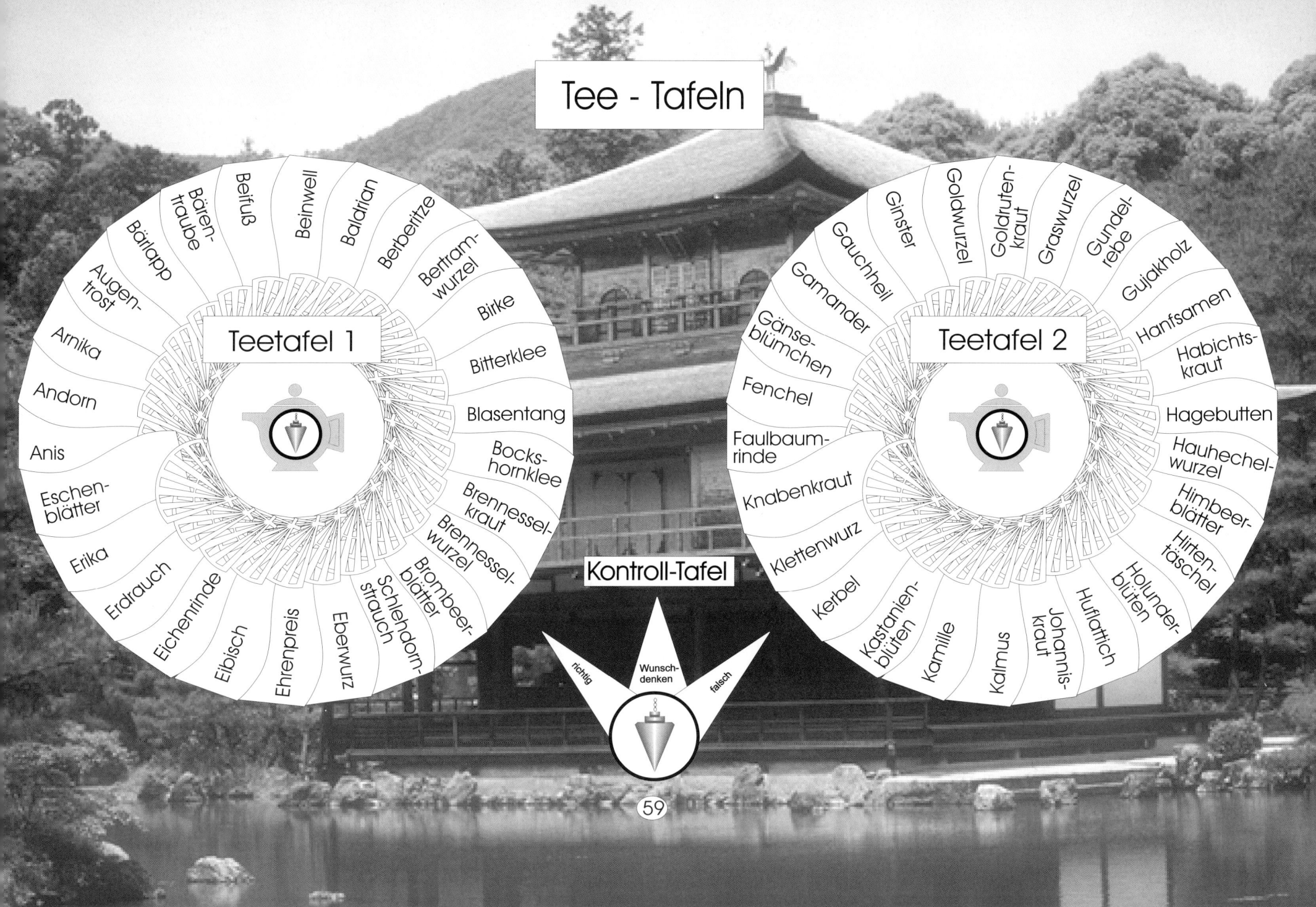

Tee - Tafeln

Teetafel 1

Bärentraube · Beifuß · Beinwell · Baldrian · Berberitze · Bertramwurzel · Birke · Bitterklee · Blasentang · Bockshornklee · Brennesselkraut · Brennesselwurzel · Brombeerblätter · Schlehdornstrauch · Eberwurz · Ehrenpreis · Eibisch · Eichenrinde · Erdrauch · Erika · Eschenblätter · Anis · Andorn · Arnika · Augentrost · Bärlapp

Teetafel 2

Ginster · Goldwurzel · Goldrutenkraut · Graswurzel · Gundelrebe · Gujakholz · Hanfsamen · Habichtskraut · Hagebutten · Hauhechelwurzel · Himbeerblätter · Hirtentäschel · Holunderblüten · Hufflattich · Johanniskraut · Kalmus · Kamille · Kastanienblüten · Kerbel · Klettenwurz · Knabenkraut · Faulbaumrinde · Fenchel · Gänseblümchen · Gamander · Gauchheil

Kontroll-Tafel

richtig · Wunschdenken · falsch

59

Tee - Tafeln

Teetafel 3

- Lavendelblüten
- Myrtenblätter
- Melissenblätter
- Malvenblüten
- Küchenschelle
- Kümmel
- Koriander
- Ringelblume
- Quecke
- Pomeranzenblätter
- Pfefferminzblätter
- Pappelkraut
- Petersilie
- Oleanderblätter
- Odermenning
- Nußblätter
- Mistelblätter
- Malvenblüten
- Meisterwurz
- Lungenkrautblätter
- Löffelkraut
- Löwenzahn
- Löwenfuß
- Linde
- Liebstöckl
- Leinsamen

Teetafel 4

- Schachtelhalmkraut
- Schafgarbe
- Sauerampfer
- Sandelholz
- Salbei
- Rosmarin
- Rosenblätter
- Zinnkraut
- Zichorienwurzel
- Ysop
- Wollkraut
- Wermutkraut
- Wegwarte
- Wegerich
- Wasserminze
- Walnußblätter
- Wacholderblätter
- Wacholderholz
- Thymian
- Süßholz
- Tausendgüldenkraut
- Stiefmütterchen
- Steinwurz
- Spitzwegerich
- Schlüsselblume
- Schlehen

Kontroll-Tafel

- richtig
- Wunschdenken
- falsch

60

Europäische Heilkräuter

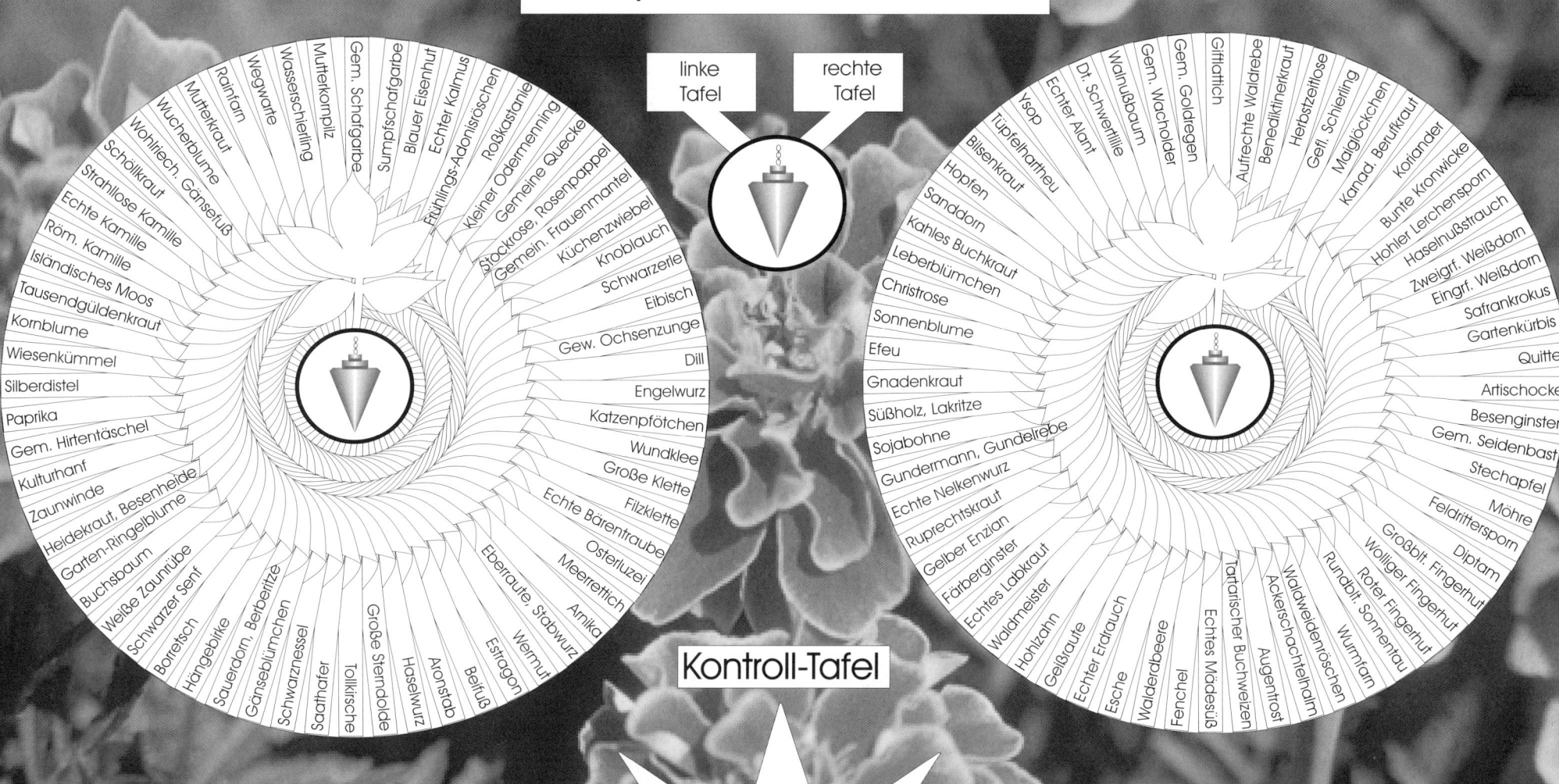

linke Tafel

rechte Tafel

Linke Tafel:
Gem. Schafgarbe · Sumpfschafgarbe · Blauer Eisenhut · Echter Kalmus · Frühlings-Adonisröschen · Roßkastanie · Kleiner Odermennig · Gemeine Quecke · Stockrose, Rosenpappel · Gemein. Frauenmantel · Küchenzwiebel · Knoblauch · Schwarzerle · Eibisch · Gew. Ochsenzunge · Dill · Engelwurz · Katzenpfötchen · Wundklee · Große Klette · Filzklette · Echte Bärentraube · Osterluzei · Meerrettich · Arnika · Wermut · Estragon · Beifuß · Aronstab · Haselwurz · Große Sterndolde · Tollkirsche · Saathafer · Schwarznessel · Gänseblümchen · Sauerdorn, Berberitze · Hängebirke · Borretsch · Schwarzer Senf · Weiße Zaunrübe · Buchsbaum · Garten-Ringelblume · Heidekraut, Besenheide · Zaunwinde · Kulturhanf · Gem. Hirtentäschel · Paprika · Silberdistel · Wiesenkümmel · Kornblume · Tausendgüldenkraut · Isländisches Moos · Röm. Kamille · Echte Kamille · Strahllose Kamille · Schöllkraut · Wohlriech. Gänsefuß · Wucherblume · Mutterblume · Rainfarn · Wegwarte · Wasserschierling · Mutterkompiß

Rechte Tafel:
Dt. Schwertlilie · Echter Alant · Ysop · Tüpfelhartheu · Bilsenkraut · Hopfen · Sanddorn · Kahles Buchkraut · Leberblümchen · Christrose · Sonnenblume · Efeu · Gnadenkraut · Süßholz, Lakritze · Sojabohne · Gundermann, Gundelrebe · Gundermann · Echte Nelkenwurz · Ruprechtskraut · Gelber Enzian · Färberginster · Echtes Labkraut · Waldmeister · Hohlzahn · Geißraute · Echter Erdrauch · Esche · Walderdbeere · Fenchel · Echtes Mädesüß · Tartarischer Buchweizen · Waldweidenröschen · Ackerschachtelhalm · Augentrost · Wurmfarn · Rundblt. Sonnentau · Roter Fingerhut · Wolliger Fingerhut · Großblt. Fingerhut · Diptam · Feldrittersporn · Möhre · Stechapfel · Gem. Seidenbast · Besenginster · Artischocke · Quitte · Gartenkürbis · Safrankrokus · Eingrf. Weißdorn · Zweigrf. Weißdorn · Haselnußstrauch · Hohler Lerchensporn · Bunte Kronwicke · Koriander · Kanad. Berufkraut · Maiglöckchen · Gefl. Schierling · Herbstzeitlose · Benediktinerkraut · Aufrechte Waldrebe · Giftlattich · Gem. Goldregen · Gem. Wacholder · Walnußbaum · Gem. Goldregen

Kontroll-Tafel

richtig · Wunsch-denken · falsch

Da die Anwendungen, Einnahmen oder Zubereitungen der einzelnen Heilkräuter so verschieden sind, können diese Pendelkarten nur zur Findung der richtigen Pflanze eingesetzt werden. Schauen Sie bitte im Einzelfall in einschlägiger Fachliteratur nach der richtigen Anwendung, zumal einige Pflanzen als giftig bzw. ungenießbar gelten.

Europäische Heilkräuter

linke Tafel **rechte Tafel**

Linke Tafel

- Scharbockskraut
- Weiße Taubnessel
- Lavendel
- Herzgespann
- Liebstöckel
- Leinkraut
- Lein, Flachs
- Echter Steinsame
- Kolbenbärlapp
- Uferwolfstrapp
- Pfennigkraut
- Wilde Malve
- Maurit. Malve
- Gemeiner Andorn
- Gelber Steinklee
- Melisse
- Krauseminze
- Pfefferminze
- Fieber-/Bitterklee
- Brunnenkresse
- Echte Katzenminze
- Echter Schwarzkümmel
- Gelbe Teichrose
- Weiße Seerose
- Basilienkraut
- Dornige Hauhechel
- Kleines Knabenkraut
- Majoran
- Dost
- Waldsauerklee
- Pfingstrose
- Deckblättriger Mohn
- Klatschmohn
- Schlafmohn
- Rote Pestwurz
- Petersilie
- Meisterwurz
- Gartenbohne
- Blasenkirsche
- Anis
- Kl. Bibernelle/Pimpernelle
- Fettkraut
- Waldkiefer/Föhre
- Spitzwegerich
- Kreuzblume
- Weißwurz
- Vogelknöterich
- Wiesenknöterich
- Wasserpfeffer
- Ampferknöterich
- Tüpfelfarn
- Schwarzpappel
- Zitterpappel
- Gänsefingerkraut
- Aufrechtes Fingerkraut
- Wiesen-Schlüsselblume
- Kleine Braunelle
- Sauerkirsche
- Mandelbaum
- Traubenkirsche
- Schwarzdorn
- Echtes Lungenkraut
- Traubeneiche
- Sommereiche

Rechte Tafel

- Mistel
- Rettich
- Kreuzdorn
- Faulbaum
- Chin. Rhabarber
- Schwarze Johannisbeere
- Rizinus
- Robinie
- Heckenrose
- Hundertblättr. Rose
- Rosmarin
- Färberröte
- Brombeere
- Himbeere
- Gartenkürbis
- Raute
- Silberweide
- Echter Salbei
- Muskatellersalbei
- Zwergholunder
- Schwarzer Holunder
- Roter Holunder
- Großer Wiesenknopf
- Sanikel
- Seifenkraut
- Bohnenkraut
- Rundbl. Steinbrech
- Knotige Braunwurz
- Scharfer Mauerpfeffer
- Hauswurz
- Mariendistel
- Weißer Senf
- Bit. Nachtschatten
- Japan. Schnurbaum
- Echte Goldrute
- Eberesche
- Gem. Beinwell
- Heilziest
- Löwenzahn
- Eibe
- Edel-Gamander
- Feldthymian
- Gartenthymian
- Winterlinde
- Sommerlinde
- Rotklee
- Weißklee
- Bockshornklee
- Kapuzinerkresse
- Huflattich
- Feldulme
- Große Brennessel
- Heidelbeere
- Preiselbeere
- Echter Baldrian
- Weißer Germer
- Großbl. Königskerze
- Filzige Königskerze
- Echtes Eisenkraut
- Echter Ehrenpreis
- Immergrün
- Schwalbenwurz
- Märzveilchen
- Stiefmütterchen

Kontroll-Tafel

richtig — Wunschdenken — falsch

Da die Anwendungen, Einnahmen oder Zubereitungen der einzelnen Heilkräuter so verschieden sind, können diese Pendelkarten nur zur Findung der richtigen Pflanze eingesetzt werden. Schauen Sie bitte im Einzelfall in einschlägiger Fachliteratur nach der richtigen Anwendung, zumal einige Pflanzen als giftig bzw. ungenießbar gelten.

Chinesische Heilkräuter und Pflanzen

Da die Anwendungen, Einnahmen oder Zubereitungen der einzelnen Heilkräuter so verschieden sind, können diese Pendelkarten nur zur Findung der richtigen Pflanze eingesetzt werden. Schauen Sie bitte im Einzelfall in einschlägiger Fachliteratur nach der richtigen Anwendung, zumal einige Pflanzen als giftig bzw. ungenießbar gelten.

Kontroll-Tafel

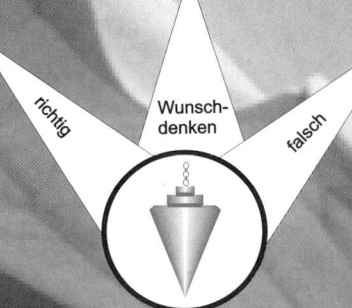

richtig · Wunsch-denken · falsch

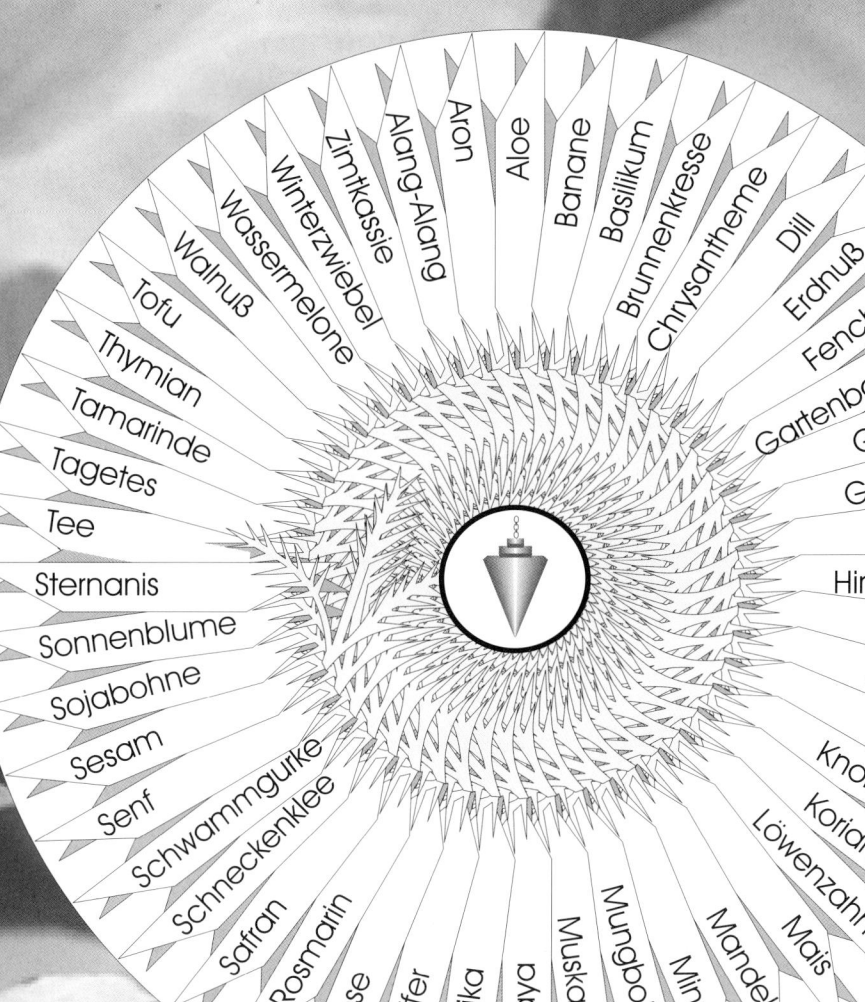

Zimtkassie · Alang-Alang · Aron · Aloe · Banane · Basilikum · Brunnenkresse · Chrysantheme · Dill · Erdnuß · Fenchel · Gartenbalsamie · Geißblatt · Gelbwurzel · Ginseng · Hirtentäschel · Honig · Huflattich · Ingwer · Knoblauch · Koriander · Löwenzahn · Mais · Mandel · Minze · Mungbohne · Muskatnuß · Papaya · Paprika · Pfeffer · Rose · Rosmarin · Safran · Schneckenklee · Schwammgurke · Senf · Sesam · Sojabohne · Sonnenblume · Sternanis · Tee · Tagetes · Tamarinde · Thymian · Tofu · Walnuß · Wassermelone · Winterzwiebel

63

Indianische Heilkräuter und Pflanzen

Da die Anwendungen, Einnahmen oder Zubereitungen der einzelnen Heilkräuter so verschieden sind, können diese Pendelkarten nur zur Findung der richtigen Pflanze eingesetzt werden. Schauen Sie bitte im Einzelfall in einschlägiger Fachliteratur nach der richtigen Anwendung, zumal einige Pflanzen als giftig bzw. ungenießbar gelten.

Kontroll-Tafel

richtig   Wunsch-denken   falsch

Vanille
Papaya
Taubenkraut
Weide
Guarana
Bitterholz
Agave
Aloe
Ananas
Avocado
Bilsenkraut
Boldo
Cashew-Nuß
Chilipfeffer
Chinarinden
Chrysarobin
Coca
Condurango
Curare
Damiana
Engelstrompete
Erdnuß
Fabianakraut
Am. Faulbaum
Fliegenpilz
Guajakholz
Ipecacuanha
Jaborandis
Jalape
Gelb. Jasmin
Kakao
Kaneelbaum
Kartoffel
Kermesbeere
Königin d.N.
Krallendorn
Kürbis
Lobelie
Luffaschwamm
Mais
Manakawurzel
Mate
Maticopfeffer
Mormonentee
Muira-Puama
Nachtkerze
Ololiuqui
Pappel
Passionsblume
Perubalsam
Peyote
Pfeilwurz
Piment
W. Quebracho
Ratanhia
Sabalpalme
San-Pedro-Kaktus
Sarsaparille
Sassafras
Schafgarbe
Seifenrinde
Sonnenblume
Sonnenhut
Stachelmohn
Stechapfel
Tabak
Teonanacatl
Tolubalsam
Tomate

64

Farbtafel

Welche Farbe benötige ich für .....XYZ.......?
Fragen Sie nach, ob mehrere Farben benötigt werden.

Wie soll ich mit der Farbe arbeiten?

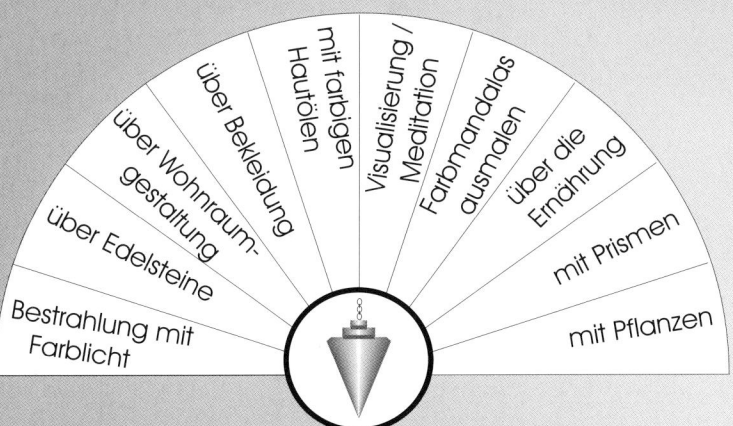

- mit farbigen Hautölen
- Visualisierung / Meditation
- Farbmandalas ausmalen
- über Bekleidung
- über die Ernährung
- über Wohnraumgestaltung
- mit Prismen
- über Edelsteine
- mit Pflanzen
- Bestrahlung mit Farblicht

Kontroll-Tafel

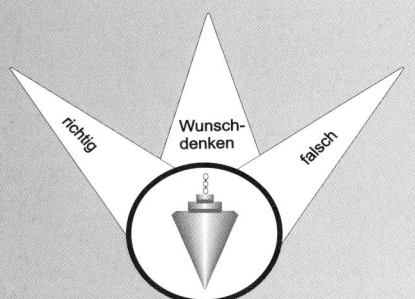

richtig — Wunschdenken — falsch

rosa
dunkelorange
leuchtendorange
orange
gelborange
gelb
hellgelb
senfgelb
gold
grün
rosarot
grasgrün
feuerrot
jadegrün
grünrot
dunkelgrün
rot
apfelgrün
infrarot
olivgrün
dunkelrot
blau
braunrot
leuchtendblau
braun
königsblau
purpur
graublau
indigo
grau
violett
silber
schwarz
weiß

Edelsteine und Mineralien

Kontroll-Tafel

richtig · Wunsch-denken · falsch

Welche Edelsteinkarte soll benutzt werden ?

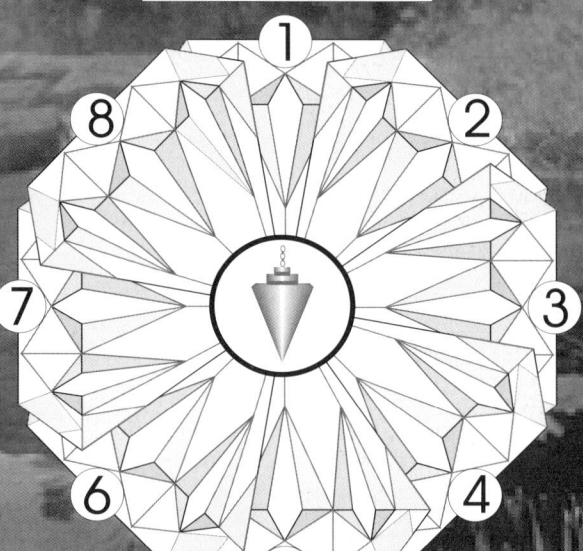

1 · 2 · 3 · 4 · 5 · 6 · 7 · 8

Reinigung bzw. Aktivierung von Edelsteinen

mental reinigen · in ein Druse legen · mit Gebete oder mit Meditationen · unter eine Pyramide legen · unter fließendes Wasser halten · keine Reinigung notwendig · in Salzwasser legen · durch Räucherung · in die Sonne legen · durch Atem · in die Erde legen · durch Klänge · in Sand legen

Form der ange-wendeten Steine

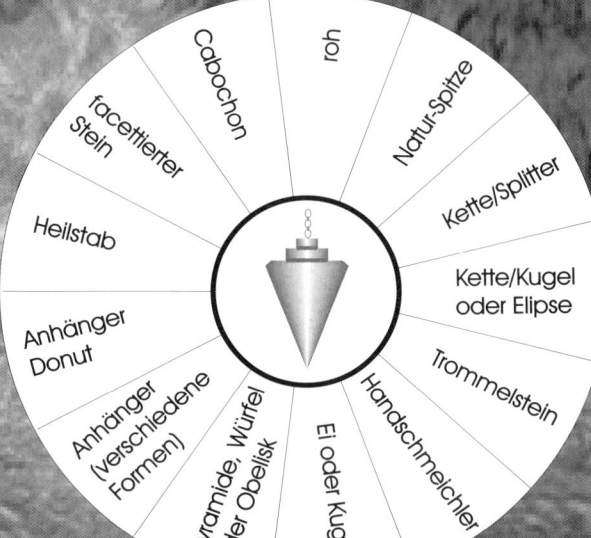

Cabochon · roh · facettierter Stein · Natur-Spitze · Heilstab · Kette/Splitter · Anhänger Donut · Kette/Kugel oder Elipse · Anhänger (verschiedene Formen) · Trommelstein · Pyramide, Würfel oder Obelisk · Handschmeichler · Ei oder Kugel

Edelsteine und Mineralien

Kontroll-Tafel

richtig — Wunschdenken — falsch

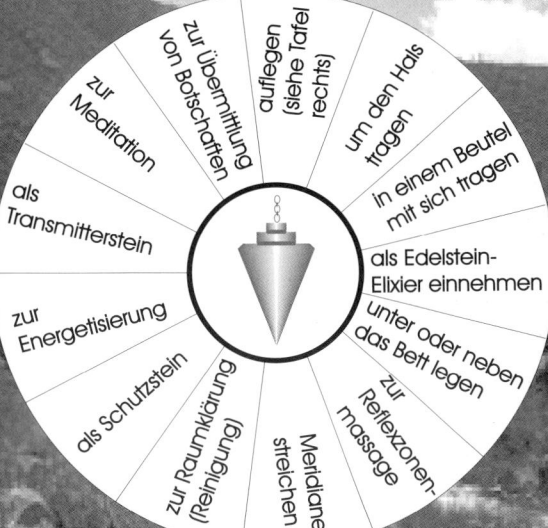

Die Art der Anwendung von Edelsteinen

- zur Übermittlung von Botschaften
- zur Meditation
- als Transmitterstein
- zur Energetisierung
- als Schutzstein
- zur Raumklärung (Reinigung)
- Meridiane streichen
- zur Reflexzonen-massage
- unter oder neben das Bett legen
- als Edelstein-Elixier einnehmen
- In einem Beutel mit sich tragen
- um den Hals tragen
- auflegen (siehe Tafel rechts)

Auf welchem Körperbereich sollen die Edelsteine liegen?

- Zusatzzentrum Füße
- 1. Chakra Genitalbereich
- 2. Chakra Lendenbereich
- 3. Chakra Taillenbereich
- 4. Chakra Brustbereich
- 5. Chakra Halsbereich
- 6. Chakra Stirnbereich
- 7. Chakra Scheitelbereich
- 8. Chakra Erhöhtes Kundalini
- Zusatzzentrum Hände

Wie lange sollen die Edelsteine benutzt werden?

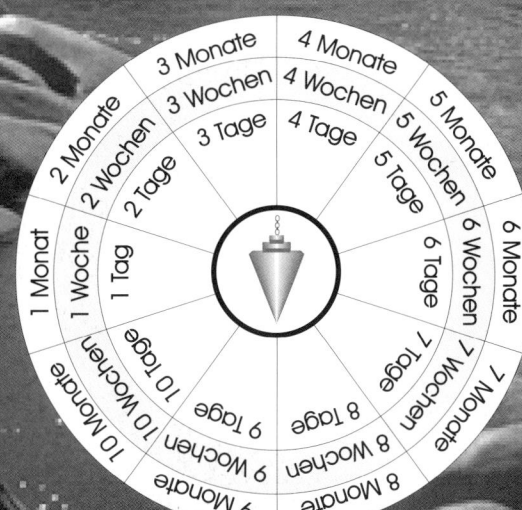

- 4 Monate
- 3 Monate
- 3 Wochen
- 4 Wochen
- 5 Monate
- 3 Tage
- 4 Tage
- 5 Wochen
- 2 Monate
- 2 Wochen
- 5 Tage
- 2 Tage
- 6 Wochen
- 1 Monat
- 1 Woche
- 1 Tag
- 6 Tage
- 6 Monate
- 7 Tage
- 7 Monate
- 7 Wochen
- 8 Tage
- 8 Monate
- 8 Wochen
- 9 Tage
- 9 Wochen
- 9 Monate
- 10 tage
- 10 Wochen
- 10 Monate

Wie oft sollen die Edelsteine benutzt werden?

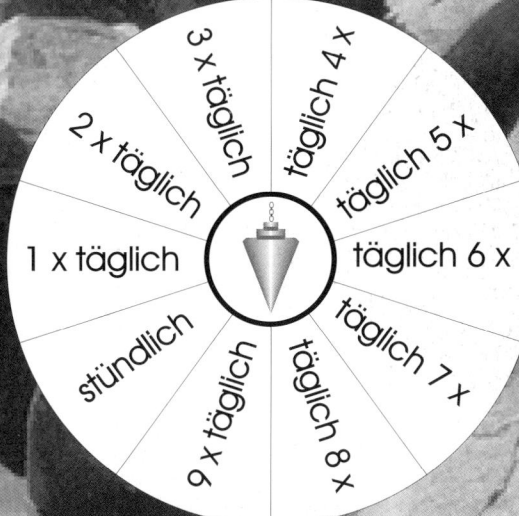

- 3 x täglich
- täglich 4 x
- 2 x täglich
- täglich 5 x
- täglich 6 x
- 1 x täglich
- stündlich
- täglich 7 x
- 9 x täglich
- täglich 8 x

67

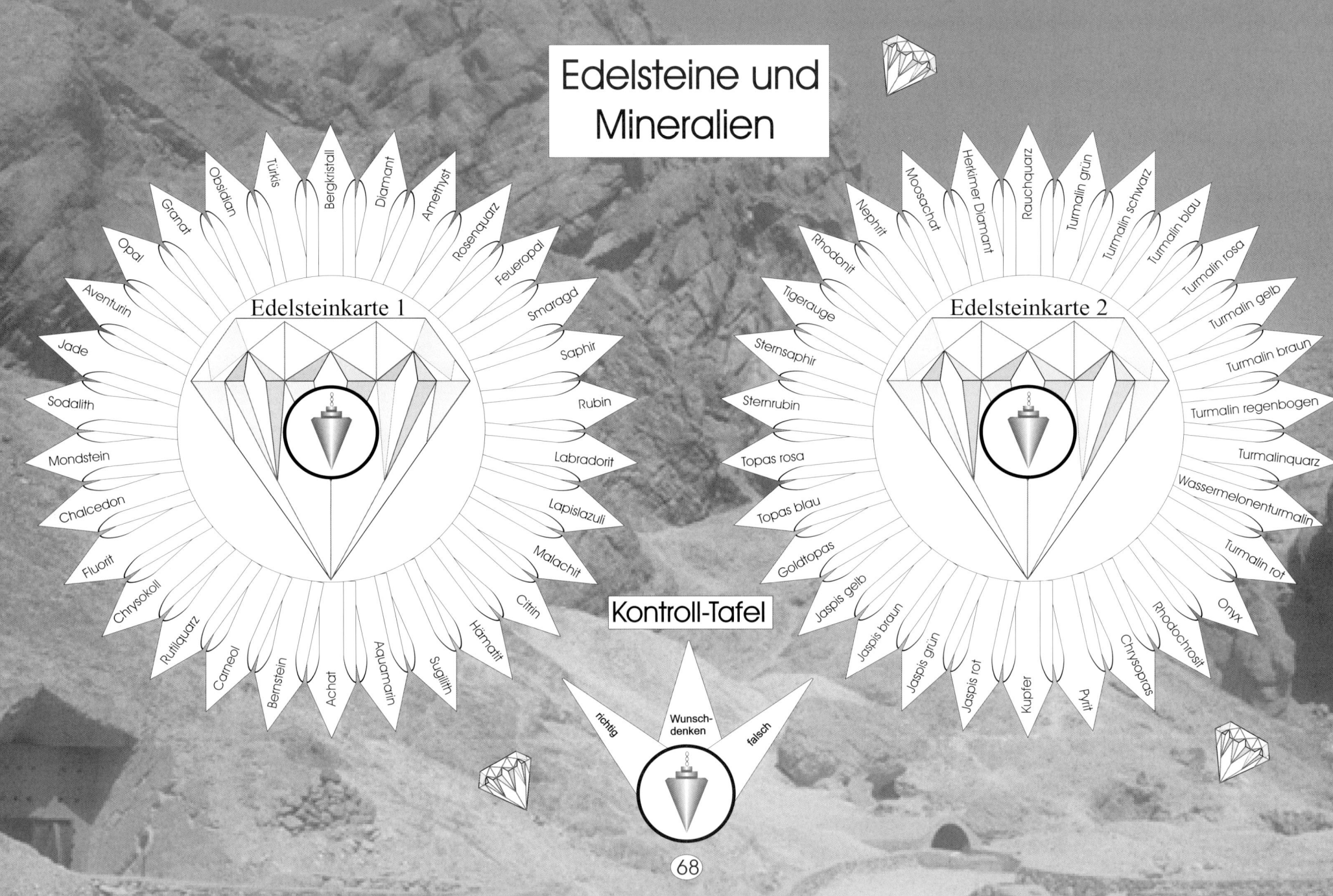

Edelsteine und Mineralien

Edelsteinkarte 1

Obsidian · Türkis · Bergkristall · Diamant · Amethyst · Granat · Rosenquarz · Opal · Feueropal · Aventurin · Smaragd · Jade · Saphir · Sodalith · Rubin · Mondstein · Labradorit · Chalcedon · Lapislazuli · Fluorit · Malachit · Chrysokoll · Citrin · Rutilquarz · Hämatit · Carneol · Bernstein · Achat · Aquamarin · Sugilith

Edelsteinkarte 2

Moosachat · Herkimer Diamant · Rauchquarz · Turmalin grün · Turmalin schwarz · Nephrit · Turmalin blau · Rhodonit · Turmalin rosa · Tigerauge · Turmalin gelb · Sternsaphir · Turmalin braun · Sternrubin · Turmalin regenbogen · Topas rosa · Turmalinquarz · Topas blau · Wassermelonenturmalin · Goldtopas · Turmalin rot · Jaspis gelb · Onyx · Jaspis braun · Rhodochrosit · Jaspis grün · Chrysopras · Jaspis rot · Kupfer · Pyrit

Kontroll-Tafel

richtig · Wunsch-denken · falsch

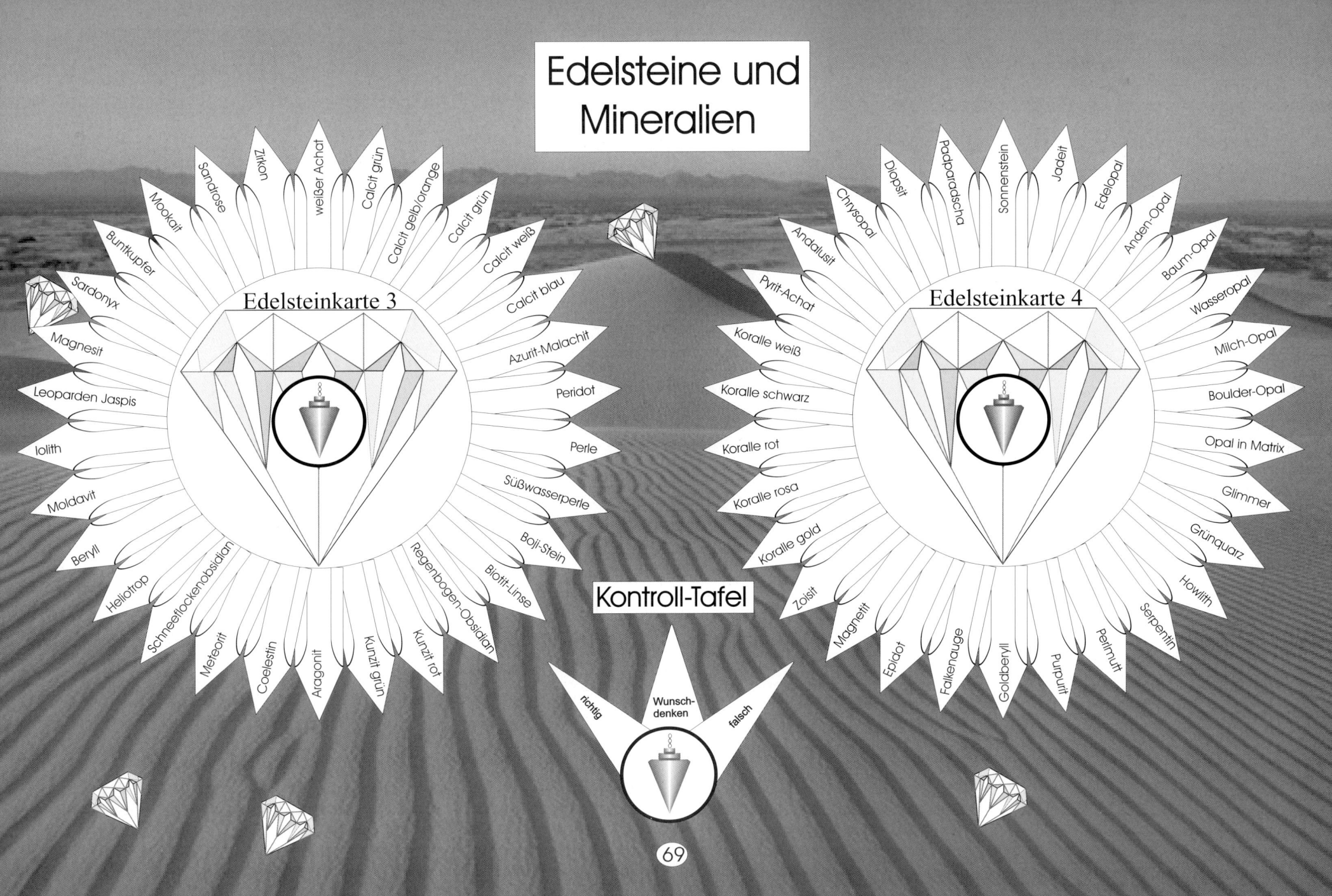

Edelsteine und Mineralien

Edelsteinkarte 3

Edelsteinkarte 4

Kontroll-Tafel

richtig · Wunsch-denken · falsch

69

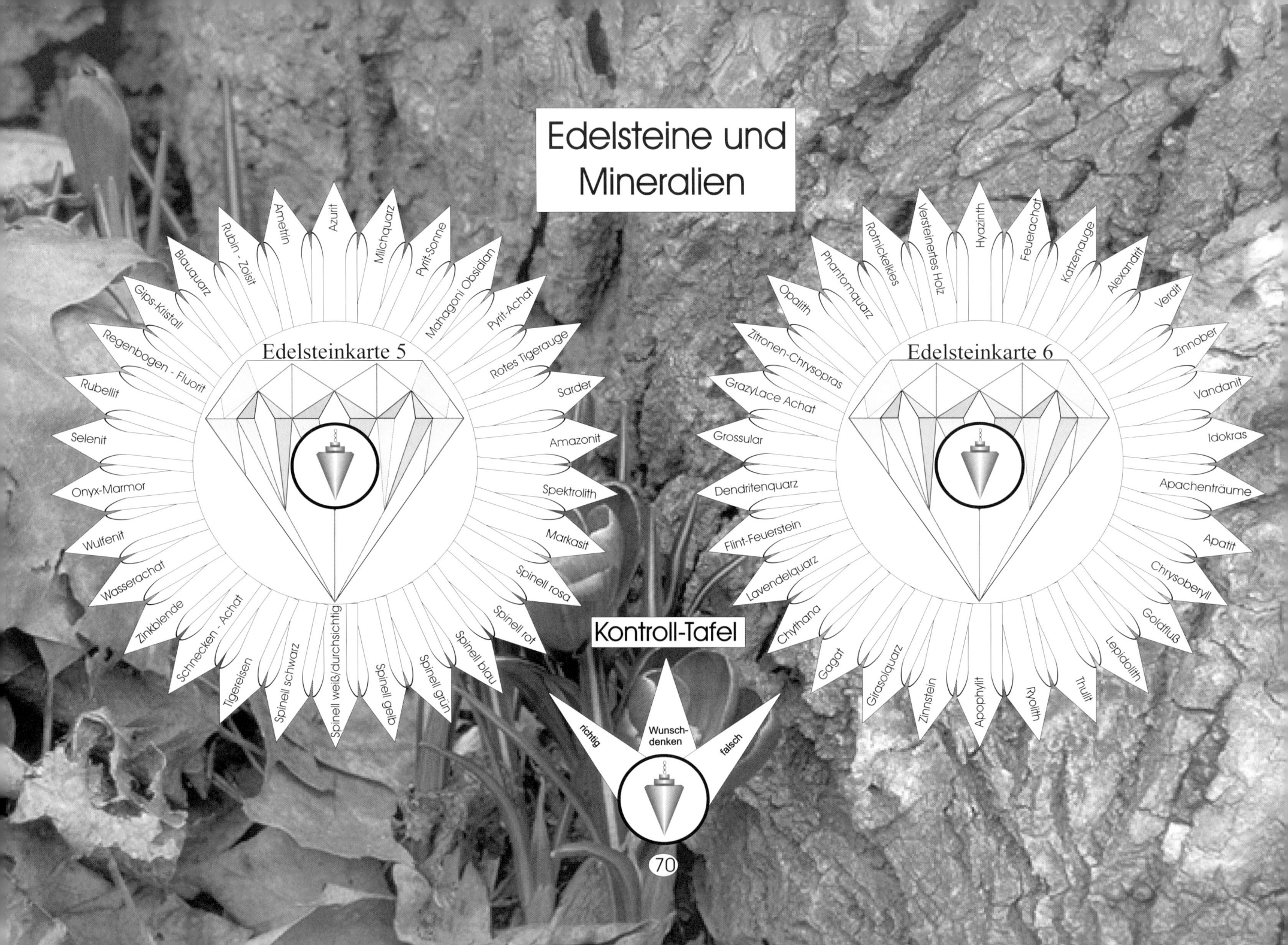

Edelsteine und Mineralien

Edelsteinkarte 5

Ametrin
Azurit
Milchquarz
Pyrit-Sonne
Mahagoni Obsidian
Pyrit-Achat
Rotes Tigerauge
Sarder
Amazonit
Spektrolith
Markasit
Spinell rosa
Spinell rot
Spinell blau
Spinell grün
Spinell gelb
Spinell weiß/durchsichtig
Spinell schwarz
Tigereisen
Schnecken - Achat
Zinkblende
Wasserachat
Wulfenit
Onyx-Marmor
Selenit
Rubellit
Regenbogen - Fluorit
Gips-Kristall
Blauquarz
Rubin - Zoisit

Edelsteinkarte 6

Rotnickelkies
Versteinertes Holz
Hyazinth
Feuerachat
Katzenauge
Alexandrit
Verdit
Zinnober
Vandanit
Idokras
Apachenträume
Apatit
Chrysoberyll
Goldfluß
Lepidolith
Thulit
Ryolith
Apophyllit
Zinnstein
Girasolquarz
Gagat
Chythana
Lavendelquarz
Flint-Feuerstein
Dendritenquarz
Grossular
GrazyLace Achat
Zitronen-Chrysopras
Opalith
Phantomquarz

Kontroll-Tafel

richtig
Wunsch-denken
falsch

70

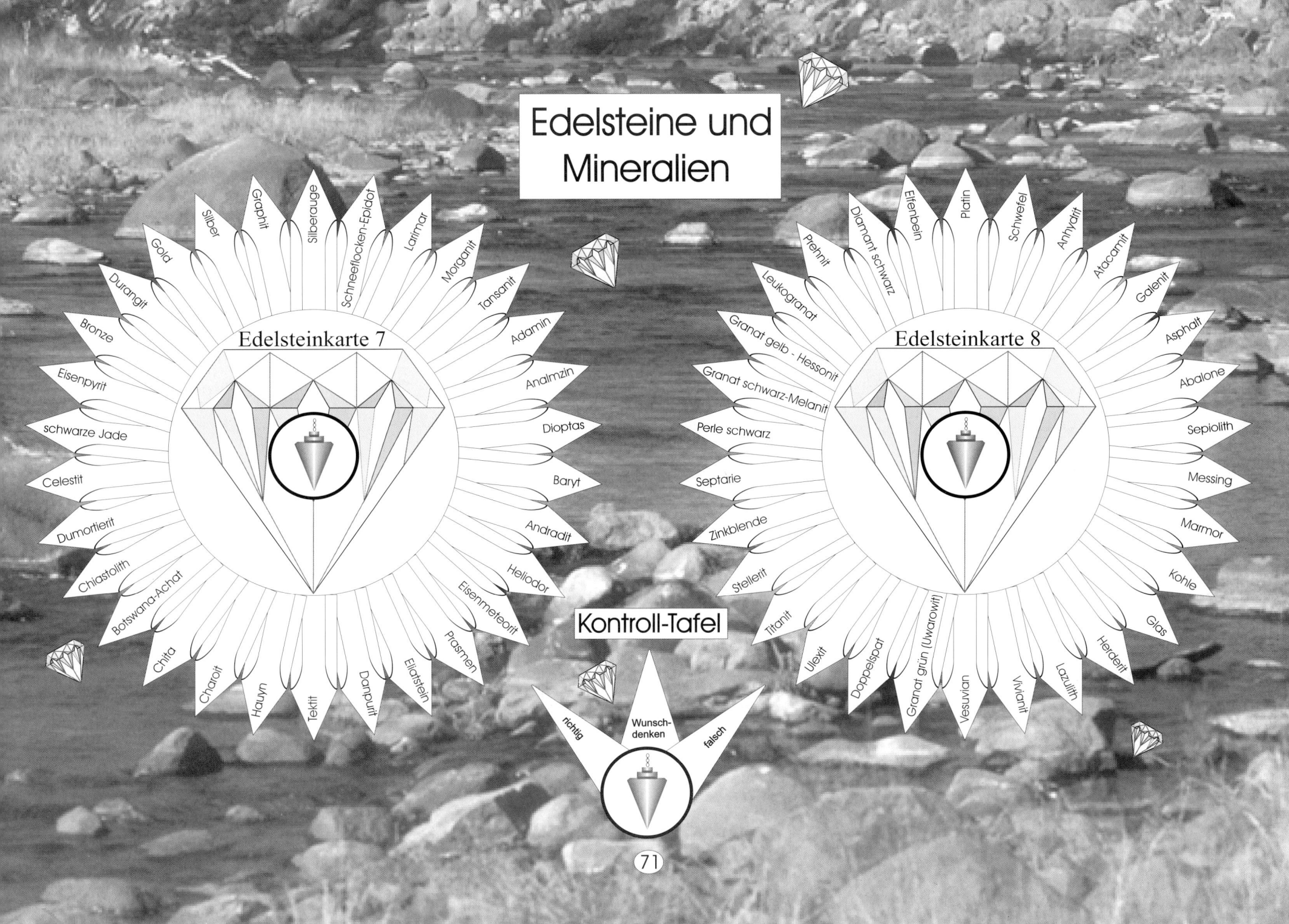

Edelsteine und Mineralien

Edelsteinkarte 7

Silber · Graphit · Silberauge · Schneeflocken-Epidot · Larimar · Morganit · Tansanit · Adamin · Analzmin · Dioptas · Baryt · Andradit · Heliodor · Eisenmeteorit · Prasmen · Ellatstein · Dampurit · Tektit · Hauyn · Charoit · Chita · Botswana-Achat · Chiastolith · Dumortierit · Celestit · schwarze Jade · Eisenpyrit · Bronze · Durangit · Gold

Edelsteinkarte 8

Diamant schwarz · Elfenbein · Platin · Schwefel · Anhydrit · Atacamit · Galenit · Asphalt · Abalone · Sepiolith · Messing · Marmor · Kohle · Glas · Herderit · Lazulith · Vivianit · Vesuvian · Granat grün (Uwarowit) · Doppelspat · Ulexit · Titanit · Stellerit · Zinkblende · Septarie · Perle schwarz · Granat schwarz-Melanit · Granat gelb - Hessonit · Leukogranat · Prehnit

Kontroll-Tafel

richtig · Wunsch-denken · falsch

71

Meditations-Techniken

Welche Meditationsform ist momentan am besten für mich?

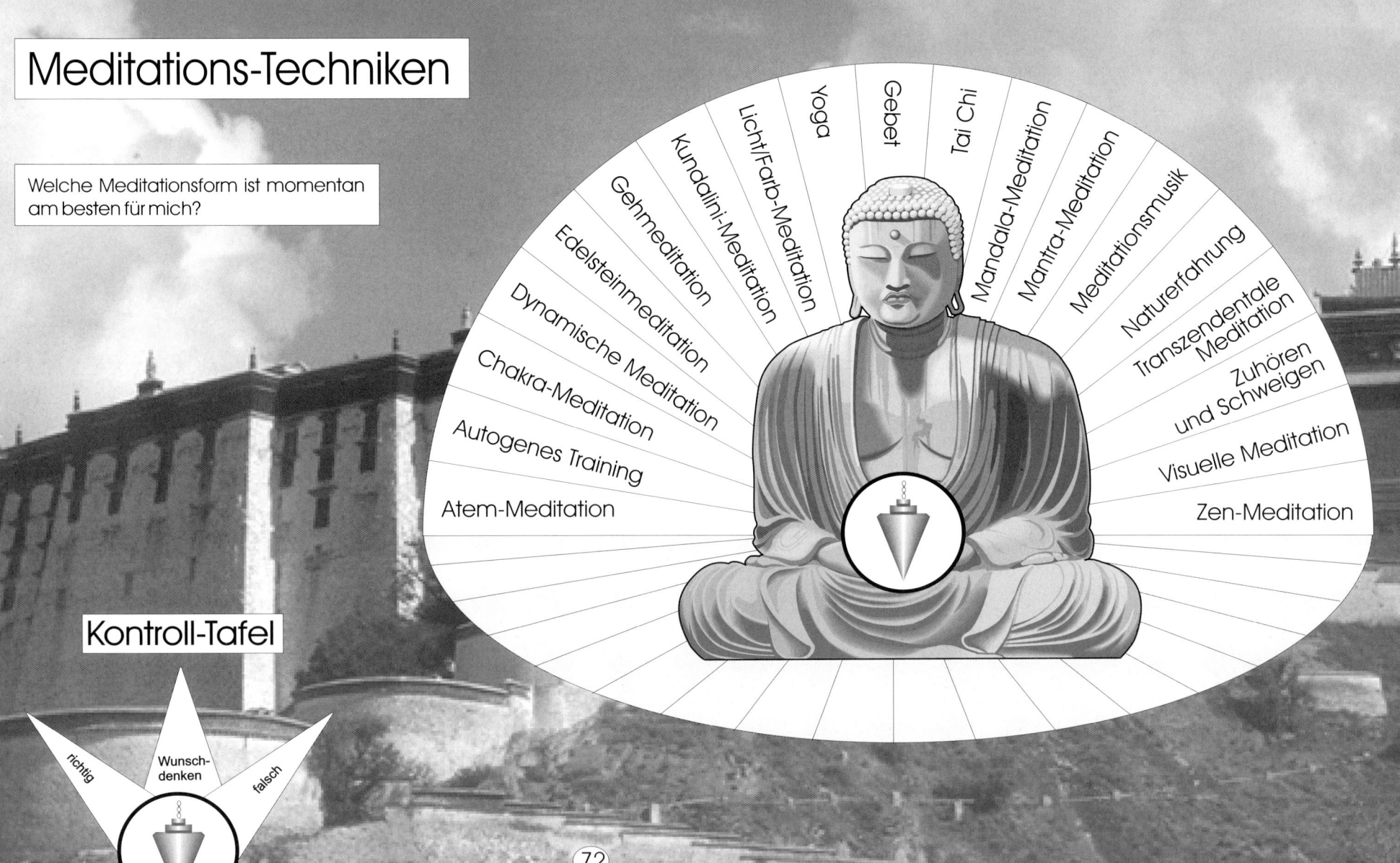

Kundalini-Meditation
Licht/Farb-Meditation
Yoga
Gebet
Tai Chi
Mandala-Meditation
Mantra-Meditation
Meditationsmusik
Naturerfahrung
Transzendentale Meditation
Zuhören und Schweigen
Visuelle Meditation
Zen-Meditation

Gehmeditation
Edelsteinmeditation
Dynamische Meditation
Chakra-Meditation
Autogenes Training
Atem-Meditation

Kontroll-Tafel

richtig
Wunsch-denken
falsch

Reinkarnation

Erpendeln Sie anhand der unteren Tafeln, welche Inkarnation in der Vergangenheit oder Zukunft für Sie wichtig ist.

Erpendeln Sie anhand der rechten Tafeln das genaue Datum der Inkarnation (von unten beginnen). Legen Sie vorher fest, ob Sie Geburts- oder Todestag feststellen wollen.

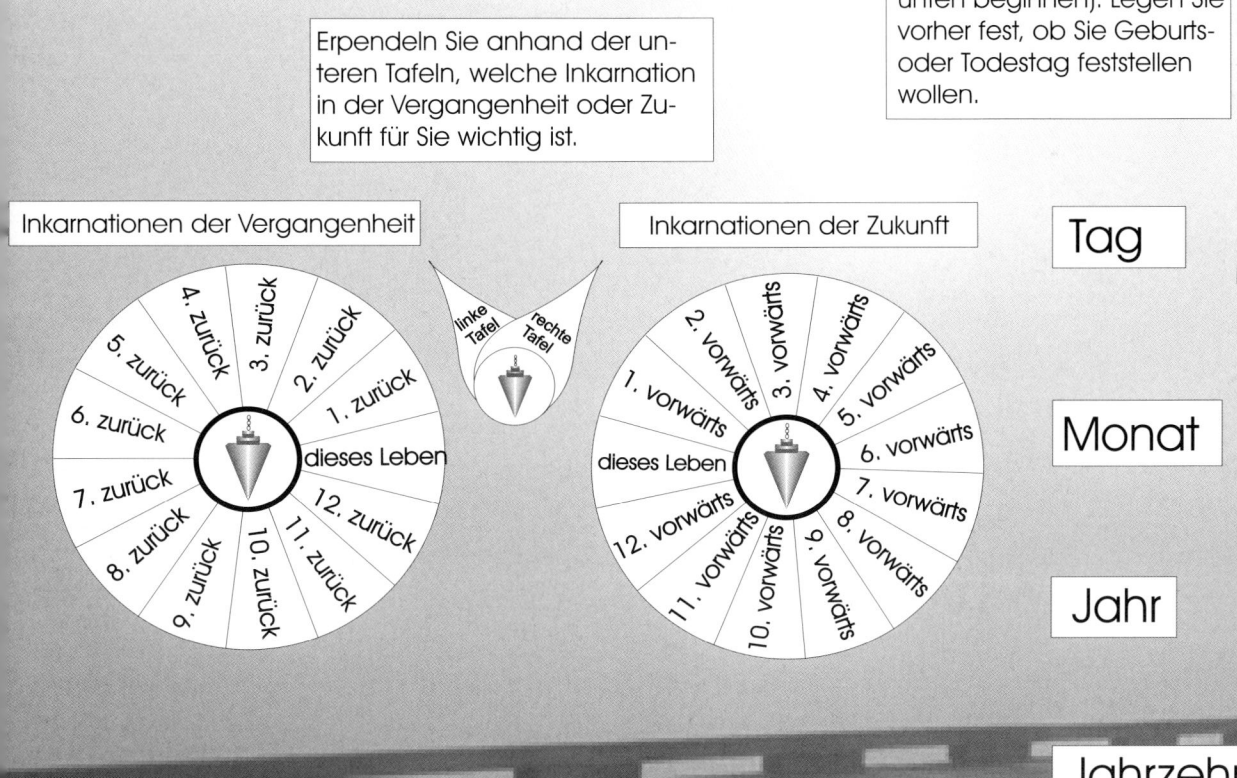

Inkarnationen der Vergangenheit

Inkarnationen der Zukunft

Kontroll-Tafel

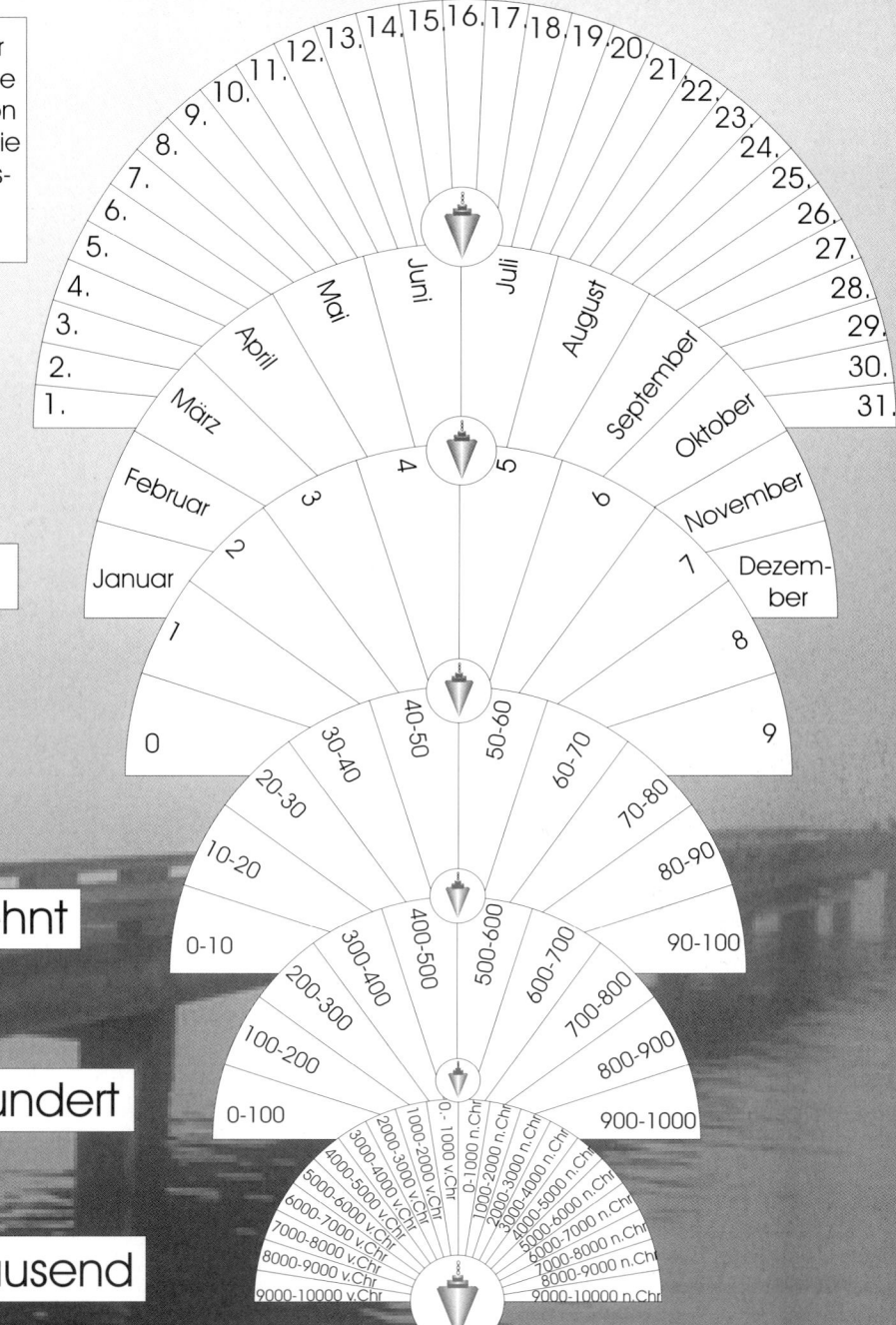

Tag

Monat

Jahr

Jahrzehnt

Jahrhundert

Jahrtausend

73

Geographische Orientierung der jeweiligen Inkarnation

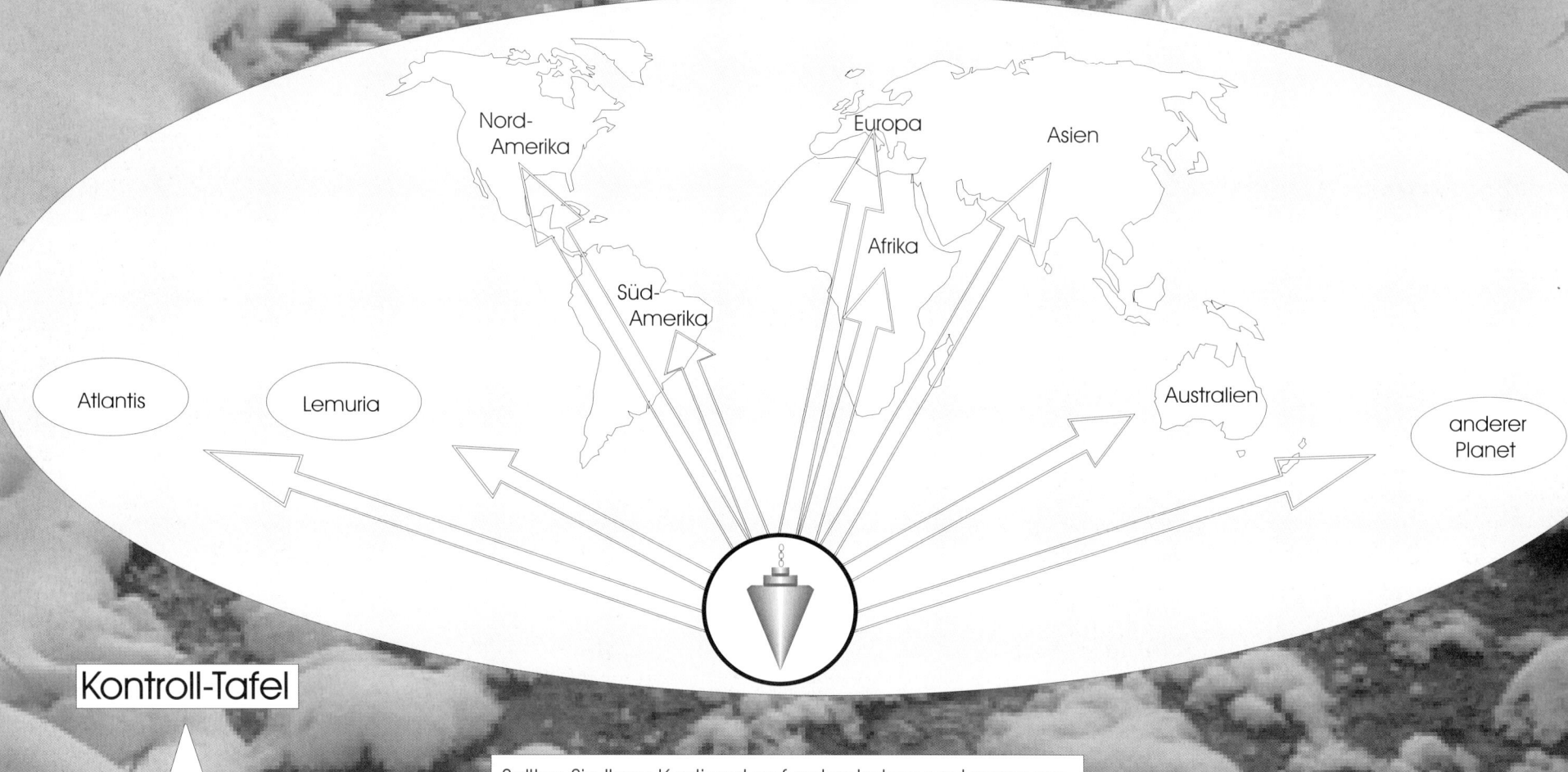

Nord-Amerika

Europa

Asien

Afrika

Süd-Amerika

Australien

Atlantis

Lemuria

anderer Planet

Kontroll-Tafel

richtig

Wunsch-denken

falsch

Sollten Sie Ihren Kontinent gefunden haben und genauere Informationen benötigen, nehmen Sie einfach einen Atlas und erfragen auf Ihrem Kontinent den genauen Ort.

Lebensumstände der jeweiligen Inkarnation

Um den Namen Ihrer Inkarnation sowie die Lebensjahre zu erfahren, benutzen Sie bitte die Pendelkarten (Alphabet / Zahlen) auf Seite 16.

Geschlechterwechsel zur vorherigen Reinkarnation und wahrscheinlicher Grund.

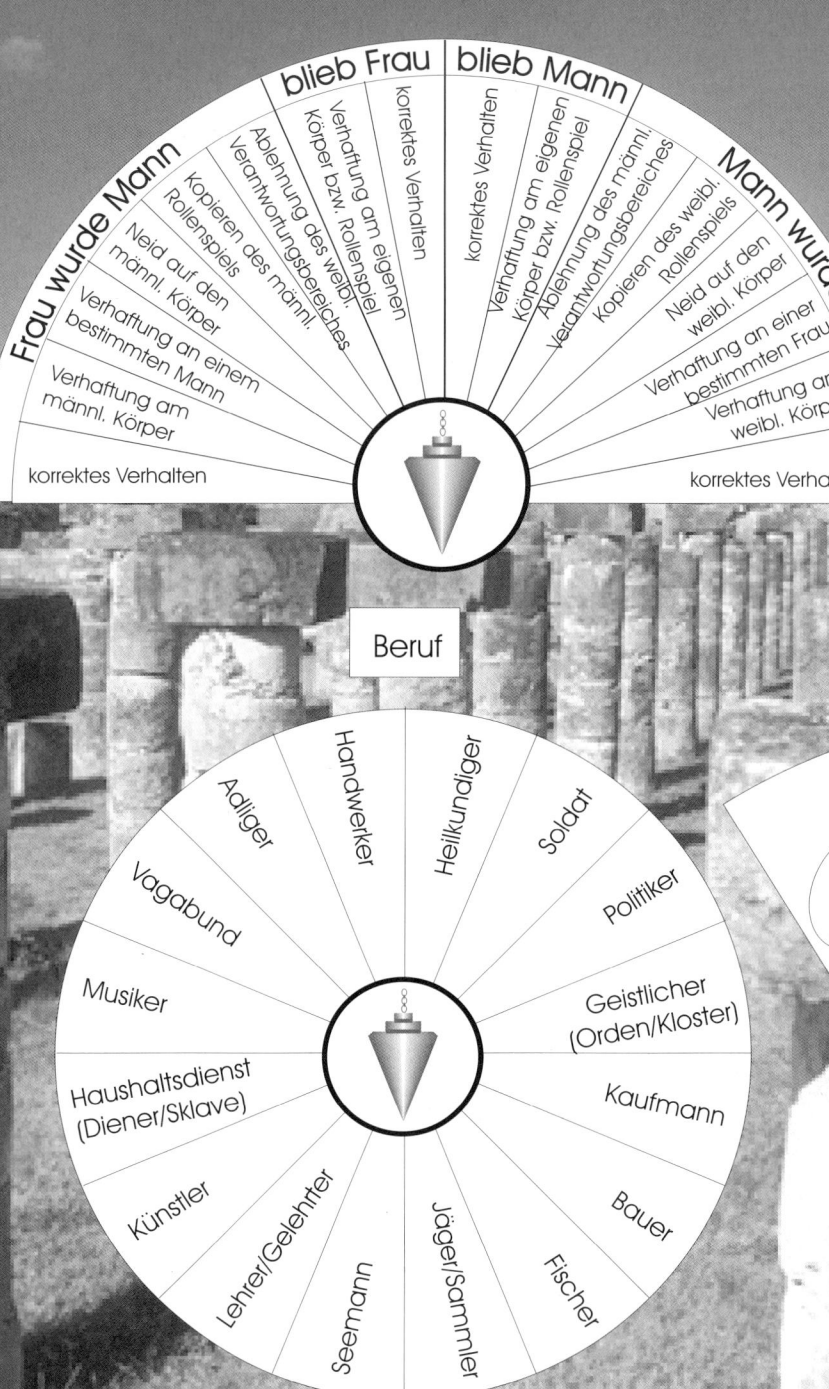

Frau wurde Mann
- blieb Frau
- korrektes Verhalten
- Verhaftung am eigenen Körper bzw. Rollenspiel
- Ablehnung des männl. Verantwortungsbereiches
- Kopieren des Rollenspiels
- Neid auf den männl. Körper
- Verhaftung an einem bestimmten Mann
- Verhaftung am männl. Körper
- korrektes Verhalten

Mann wurde Frau
- blieb Mann
- korrektes Verhalten
- Verhaftung am eigenen Körper bzw. Rollenspiel
- Ablehnung des männl. Verantwortungsbereiches
- Kopieren des weibl. Rollenspiels
- Neid auf den weibl. Körper
- Verhaftung an einer bestimmten Frau
- Verhaftung am weibl. Körper
- korrektes Verhalten

Geschlechtsbestimmung der ausgependelten Inkarnation

Frau **Mann**

Kontroll-Tafel

- richtig
- Wunsch-denken
- falsch

Beruf

Handwerker · Heilkundiger · Soldat · Politiker · Geistlicher (Orden/Kloster) · Kaufmann · Bauer · Fischer · Jäger/Sammler · Seemann · Lehrer/Gelehrter · Künstler · Haushaltsdienst (Diener/Sklave) · Musiker · Vagabund · Adliger

Soziales Milieu

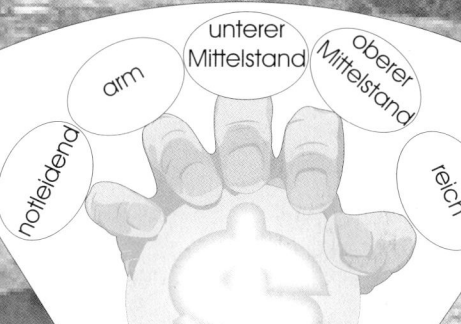

notleidend · arm · unterer Mittelstand · oberer Mittelstand · reich

75

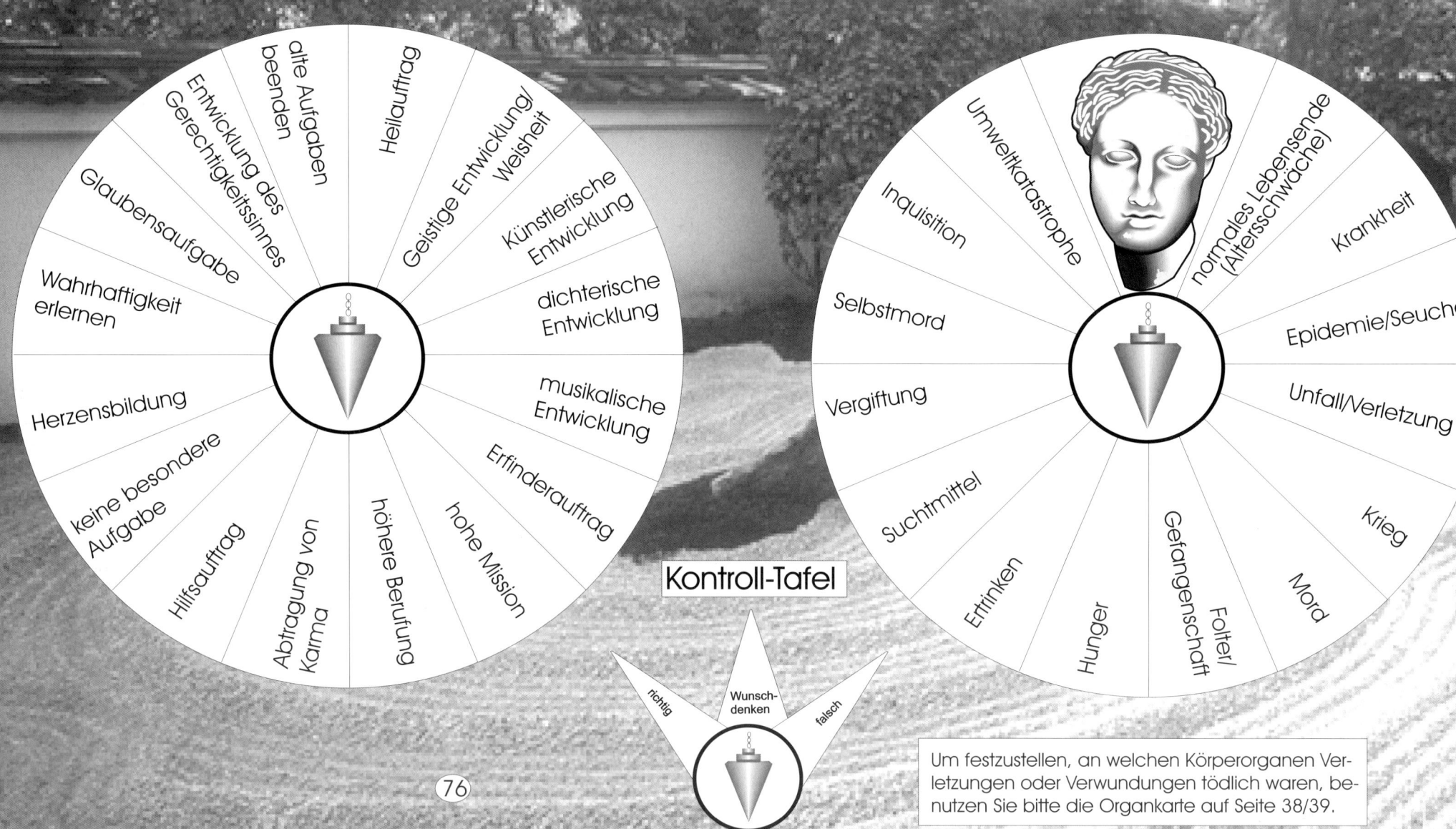

Lebensaufgabe der jeweiligen Inkarnation

- alte Aufgaben beenden
- Heilauftrag
- Geistige Entwicklung/Weisheit
- Künstlerische Entwicklung
- dichterische Entwicklung
- musikalische Entwicklung
- Erfinderauftrag
- hohe Mission
- höhere Berufung
- Abtragung von Karma
- Hilfsauftrag
- keine besondere Aufgabe
- Herzensbildung
- Wahrhaftigkeit erlernen
- Glaubensaufgabe
- Entwicklung des Gerechtigkeitssinnes

Sterbeumstände der jeweiligen Inkarnation

- Umweltkatastrophe
- normales Lebensende (Altersschwäche)
- Krankheit
- Epidemie/Seuche
- Unfall/Verletzung
- Krieg
- Mord
- Folter/Gefangenschaft
- Hunger
- Ertrinken
- Suchtmittel
- Vergiftung
- Selbstmord
- Inquisition

Kontroll-Tafel

- richtig
- Wunsch-denken
- falsch

Um festzustellen, an welchen Körperorganen Verletzungen oder Verwundungen tödlich waren, benutzen Sie bitte die Organkarte auf Seite 38/39.

Partner - Inkarnationen

Erfragen Sie zuerst, ob die Person, über die Sie mehr erfahren wollen, mit Ihnen eine "Karmische Beziehung" eingeht. Wenn ja, erfragen Sie, ob die Verbindung über mehrere Inkarnationen hinweg anhält.

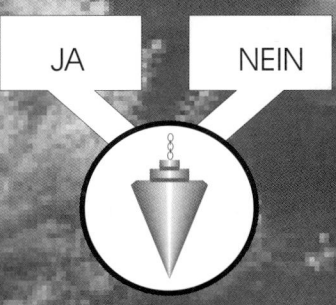

JA   NEIN

Kontroll-Tafel

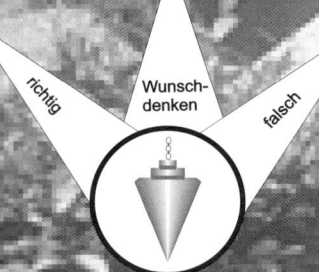

richtig   Wunsch-denken   falsch

Die Ehepartner, Geliebte/r, Mutter, Vater, Tochter, Sohn, Schwester, Bruder, Onkel, Tante, Nichte, Neffe, Base, Vetter, fern verwandt, Freundin, Freund, Bekannter, Bekannter, einmalige Begegnung

Welche Gefühlsverbindung bestand mit dem karmischen Partner?

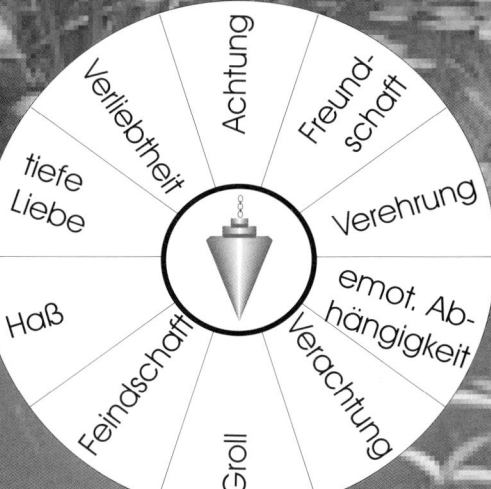

Achtung, Freund-schaft, Verehrung, emot. Ab-hängigkeit, Verachtung, Groll, Feindschaft, Haß, tiefe Liebe, Verliebtheit

Welche Partner-Verbindung bestand in der letzten Inkarnation (erpendeln Sie in der 1. Reinkarnations-Karte, in welchem Leben und wann Sie der Person begegnet sind).

Die höheren Karma-Gesetze

Die vier Phasen des Karma

Warum bin ich, wie ich bin? Warum geschieht mir dies oder das? Warum muß ich unter diesen Umständen leben und nicht anders? Nach der indischen Philosophie manifestieren sich alle karmischen Reaktionen in vier verschiedenen Phasen:

1. Phase (Bija=der Samen) Handlungen und Vorhaben existieren in der Wunschphase nur im feinstofflichen Bereich.
   "Säe einen Gedanken und du wirst eine Tat ernten"
2. Phase (Kuta-stha=der bewußte Entschluß) Der Wunsch wird zur Tat - karmische Kettenreaktionen können ausgelöst werden.
   "Säe eine Tat und du wirst eine Gewohnheit ernten"
3. Phase (Phalonmukha=das Früchtetragen) Die materiellen Handlungen, ob gut oder schlecht, tragen Früchte. Die karmische Reaktion zeigt sich in Form von Glück oder Leid.
   "Säe eine Gewohnheit, und du wirst einen Charakter ernten"
4. Phase (Prarabdha=Ernte) Die karmische Reaktion ist im gegenwärtigen Leben eingetroffen oder mitgegeben worden.
   "Säe einen Charakter, und du wirst ein Schicksal ernten"

Die Arten des Karma

KARMA
Handeln im Einklang mit den Naturgesetzen
=gute karmische Reaktion (materielles Glück)

VIKARMA
Handeln gegen die Naturgesetze
=schlechte karmische Reaktion (Leid)

AKARMA
Transzendentales Handeln außerhalb der Karma-Gesetze
=keine karmische Reaktion (Befreiung)

KOLLEKTIVES KARMA
Handeln mit der Masse
=schlechte karmische Reaktion (Leid)

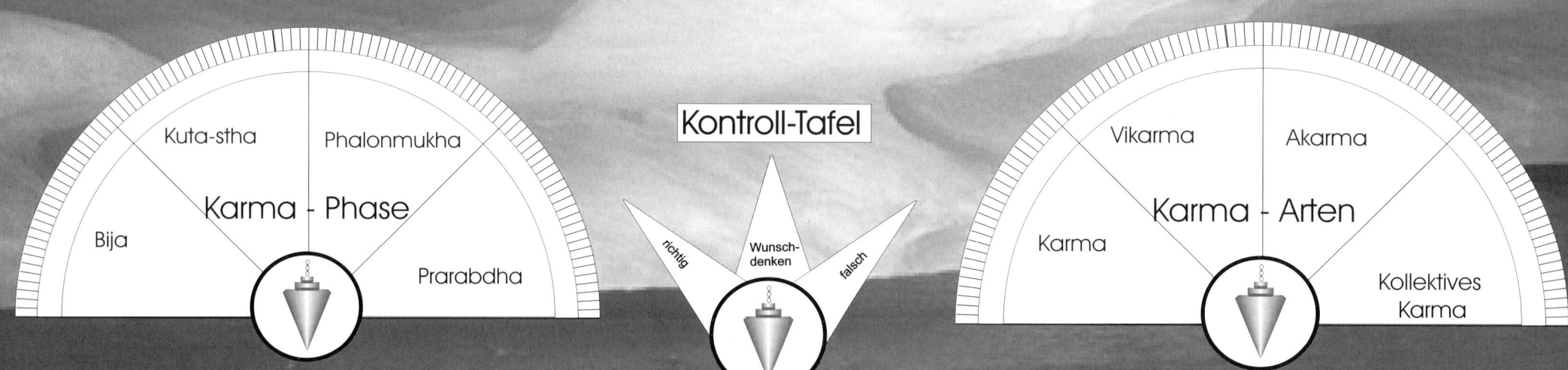

Karma - Phase
Kuta-stha · Phalonmukha · Bija · Prarabdha

Kontroll-Tafel
richtig · Wunsch-denken · falsch

Karma - Arten
Vikarma · Akarma · Karma · Kollektives Karma

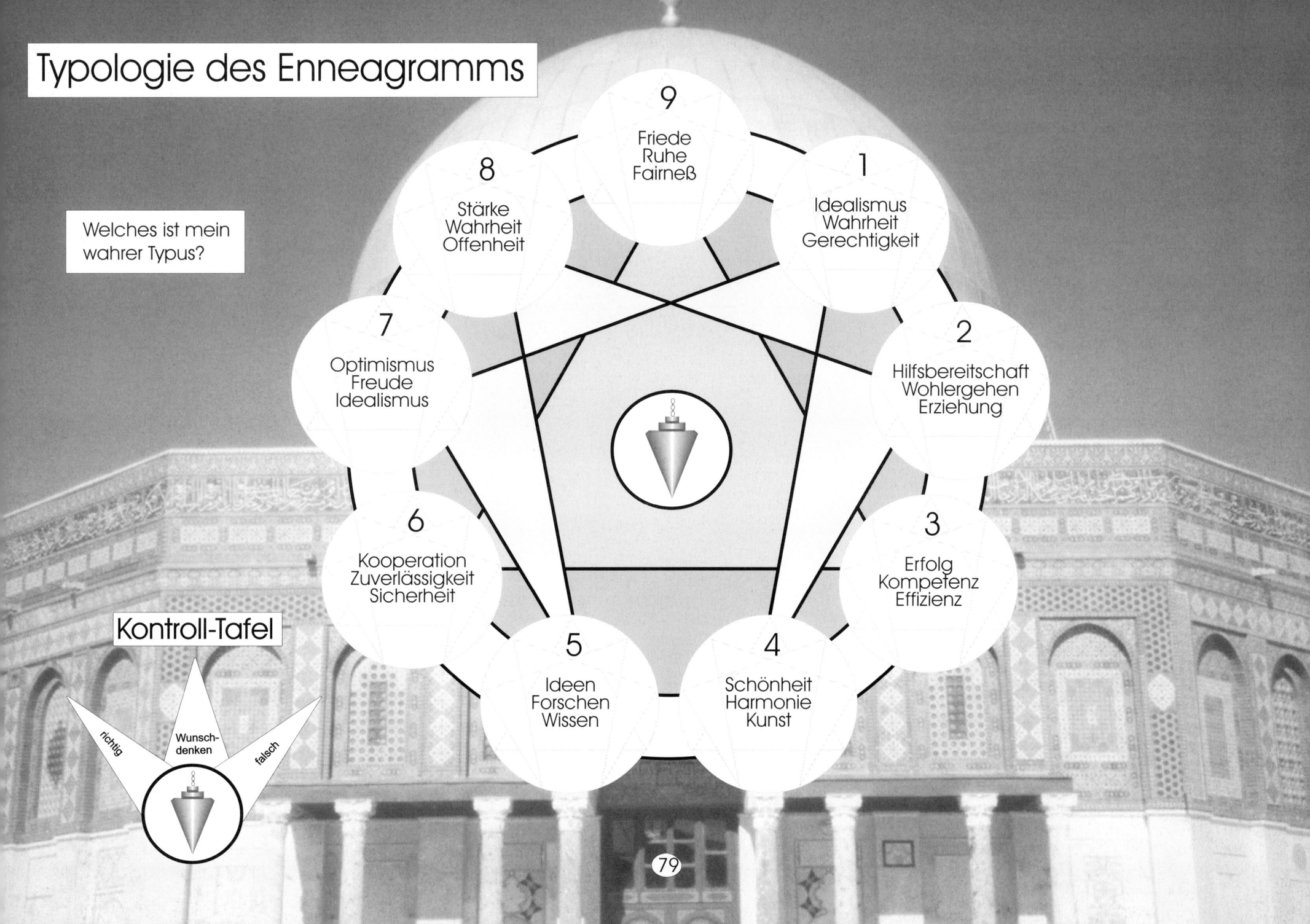

Typologie des Enneagramms

Welches ist mein wahrer Typus?

9 Friede Ruhe Fairneß

8 Stärke Wahrheit Offenheit

1 Idealismus Wahrheit Gerechtigkeit

7 Optimismus Freude Idealismus

2 Hilfsbereitschaft Wohlergehen Erziehung

6 Kooperation Zuverlässigkeit Sicherheit

3 Erfolg Kompetenz Effizienz

5 Ideen Forschen Wissen

4 Schönheit Harmonie Kunst

Kontroll-Tafel

richtig
Wunsch-denken
falsch

79

Lebensfragen

Erfolgs- oder Lebenshindernisse
Welche Hindernisse hemmen mich
in meiner Situation .....XYZ....?

Beziehung mit anderen Menschen
Wie entwickelt sich die Beziehung
mit der Person.....XYZ....?

Egoismus
Gemeinschafts-fähigkeit
Bildung
Initiative
geistige Orientierung
Ehe / Partnerschaft
Sexualität
Geltungssucht
Geld / Materie
Gesundheit

linke Tafel

rechte Tafel

Freude
Vertrauen
Neutralität
Freundschaft
Einsamkeit
Liebe
Argwohn
Haß
Trotz
Hinterlist
Überdruß
Feindschaft
Ärger

Kontroll-Tafel

richtig
Wunsch-denken
falsch

80

Lebensfragen

Tugenden, die ich entwickeln sollte!

Laster, die ich ablegen sollte!

Obere linke Scheibe (Tugenden):
Aufrichtigkeit · Ausdauer · Barmherzigkeit · Bescheidenheit · Dankbarkeit · Demut · Ehre · Einfachheit · Geduld · Gewissenhaftigkeit · Großzügigkeit · Güte · Anpassungsfähigkeit · Anstand · Anteilnahme

Untere linke Scheibe (Tugenden):
Respekt · Selbstlosigkeit · Sorgfalt · Treue · Umsicht · Vernunft · Verschwiegenheit · Verständnis · Würde · Hingabe · Klugheit · Loyalität · Milde · Mut · Nachgiebigkeit

Obere rechte Scheibe (Laster):
Egoismus · Eifersucht · Eitelkeit · Feigheit · Geiz · Genußsucht · Grausamkeit · Heuchelei · Intoleranz · Intrige · Kleinlichkeit · Leichtsinn · Angeberei · Bösartigkeit · Brutalität

Untere rechte Scheibe (Laster):
Prahlerei · Rachsucht · Schadenfreude · Schwatzhaftigkeit · Starrsinn · Stolz · Tücke · Treulosigkeit · Überheblichkeit · Undankbarkeit · Unwahrheit · Unanständigkeit · Mißtrauen · Neid · Oberflächlichkeit

Mitte:
Tafel links oben · Tafel rechts oben · Tafel links unten · Tafel rechts unten

Kontroll-Tafel

richtig · Wunschdenken · falsch

81

Lebensfragen

Schicksalsfrage
Wie endet das Ereignis .....XYZ....?

Schicksalsfrage
Was soll ich im Fall....XYZ....tun ?

linke Tafel

rechte Tafel

Kontroll-Tafel

richtig

Wunsch-denken

falsch

Mißerfolg

Freude

Erfolg

Reibung

neutraler Verlauf

Enttäuschung

abwarten

Initiative ergreifen

weniger wagen

weniger Initiative

mehr wagen

durchhalten

sehr geduldig sein

anpassen

entscheiden

abwehren

RUNEN
Wikinger - Runen

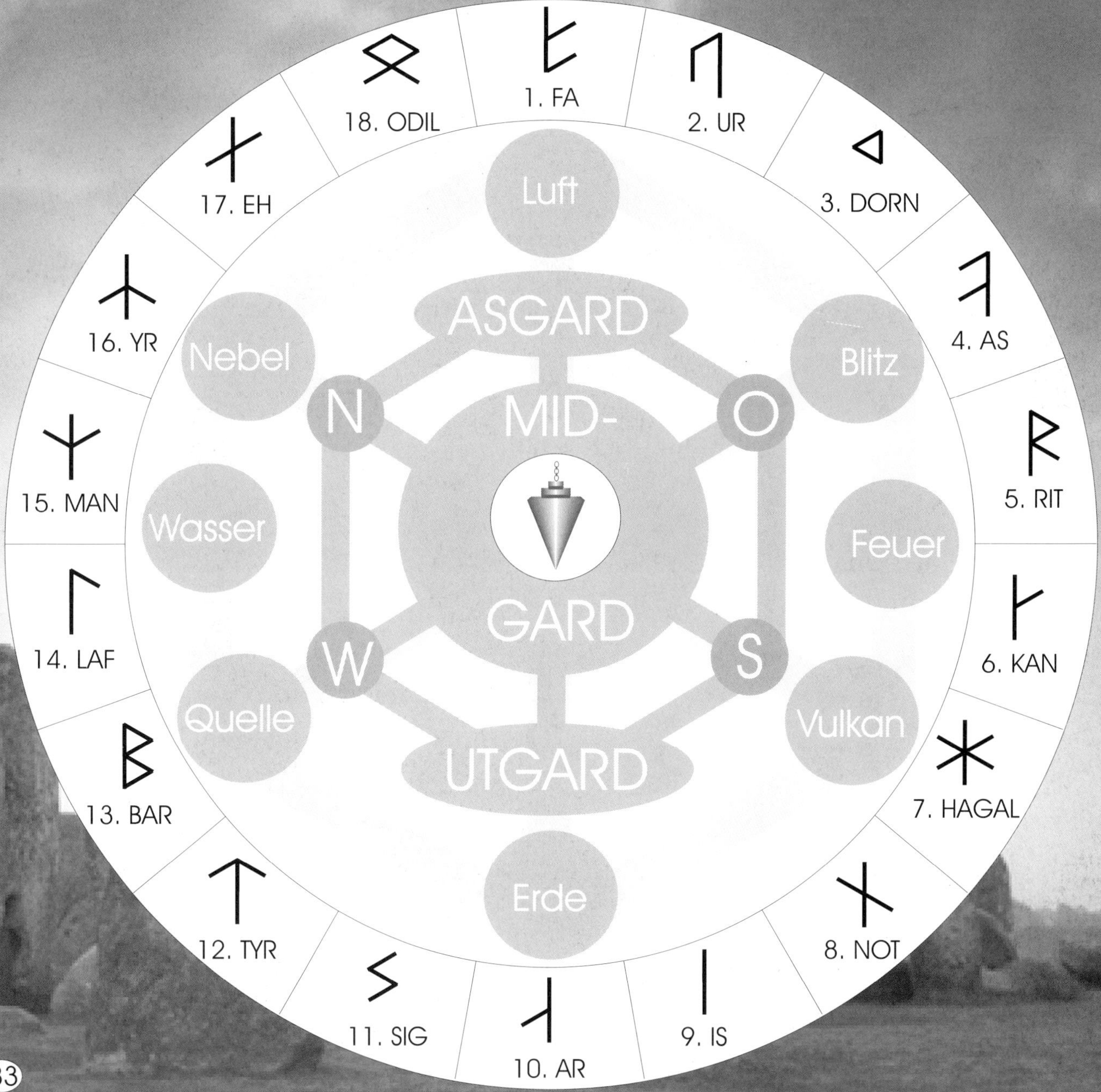

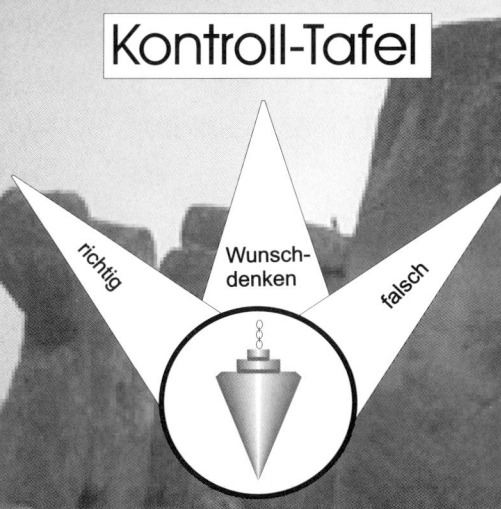

richtig

Wunsch-denken

falsch

1. FA

2. UR

3. DORN

4. AS

5. RIT

6. KAN

7. HAGAL

8. NOT

9. IS

10. AR

11. SIG

12. TYR

13. BAR

14. LAF

15. MAN

16. YR

17. EH

18. ODIL

Luft

ASGARD

MID-

GARD

UTGARD

N

O

W

S

Nebel

Blitz

Wasser

Feuer

Quelle

Vulkan

Erde

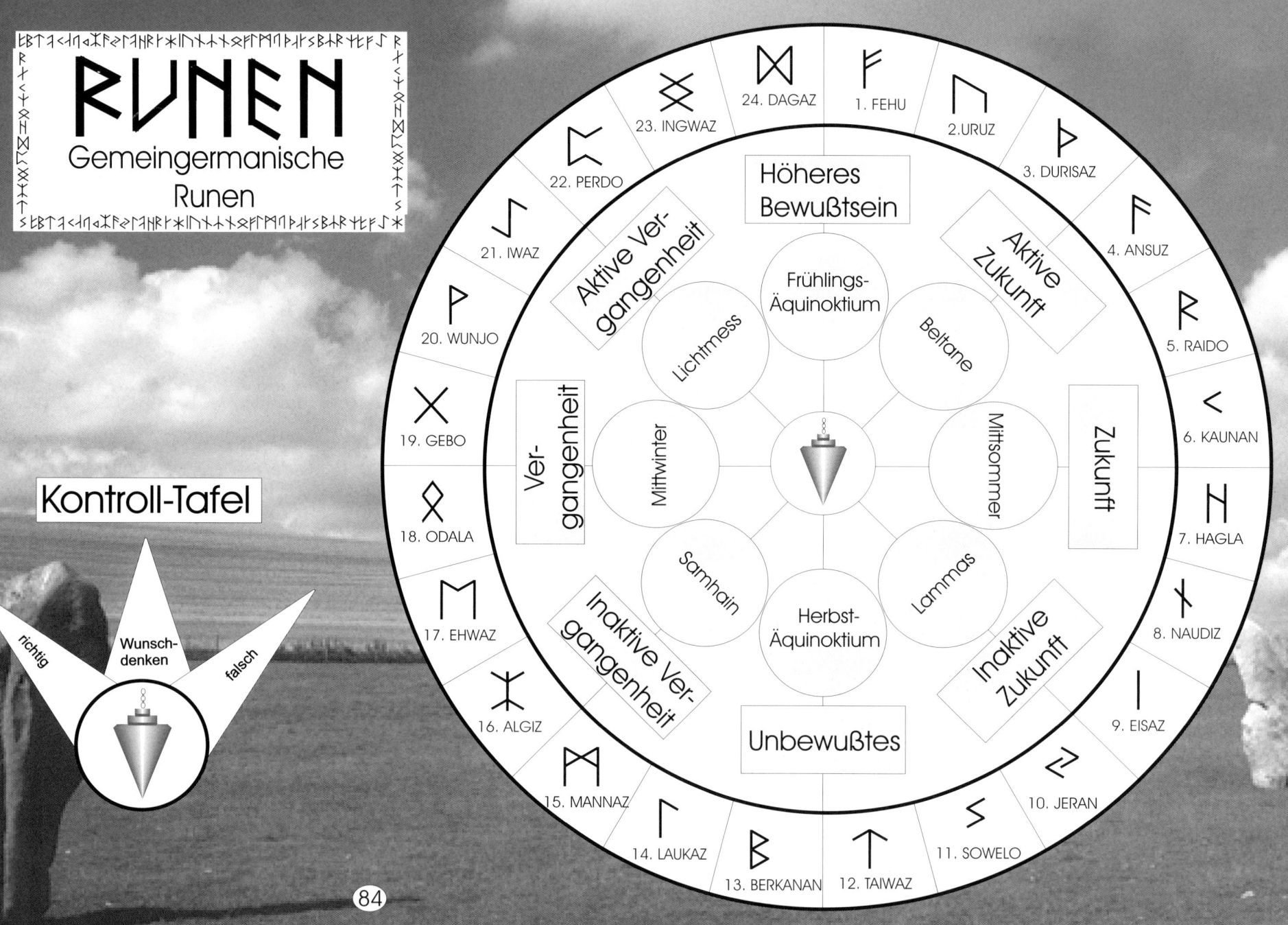

RUNEN
Gemeingermanische Runen

Kontroll-Tafel

richtig · Wunsch-denken · falsch

Höheres Bewußtsein

Aktive Zukunft

Zukunft

Inaktive Zukunft

Unbewußtes

Inaktive Vergangenheit

Vergangenheit

Aktive Vergangenheit

Frühlings-Äquinoktium
Lichtmess
Beltane
Mittwinter
Mittsommer
Samhain
Lammas
Herbst-Äquinoktium

24. DAGAZ
1. FEHU
2. URUZ
3. DURISAZ
4. ANSUZ
5. RAIDO
6. KAUNAN
7. HAGLA
8. NAUDIZ
9. EISAZ
10. JERAN
11. SOWELO
12. TAIWAZ
13. BERKANAN
14. LAUKAZ
15. MANNAZ
16. ALGIZ
17. EHWAZ
18. ODALA
19. GEBO
20. WUNJO
21. IWAZ
22. PERDO
23. INGWAZ

84

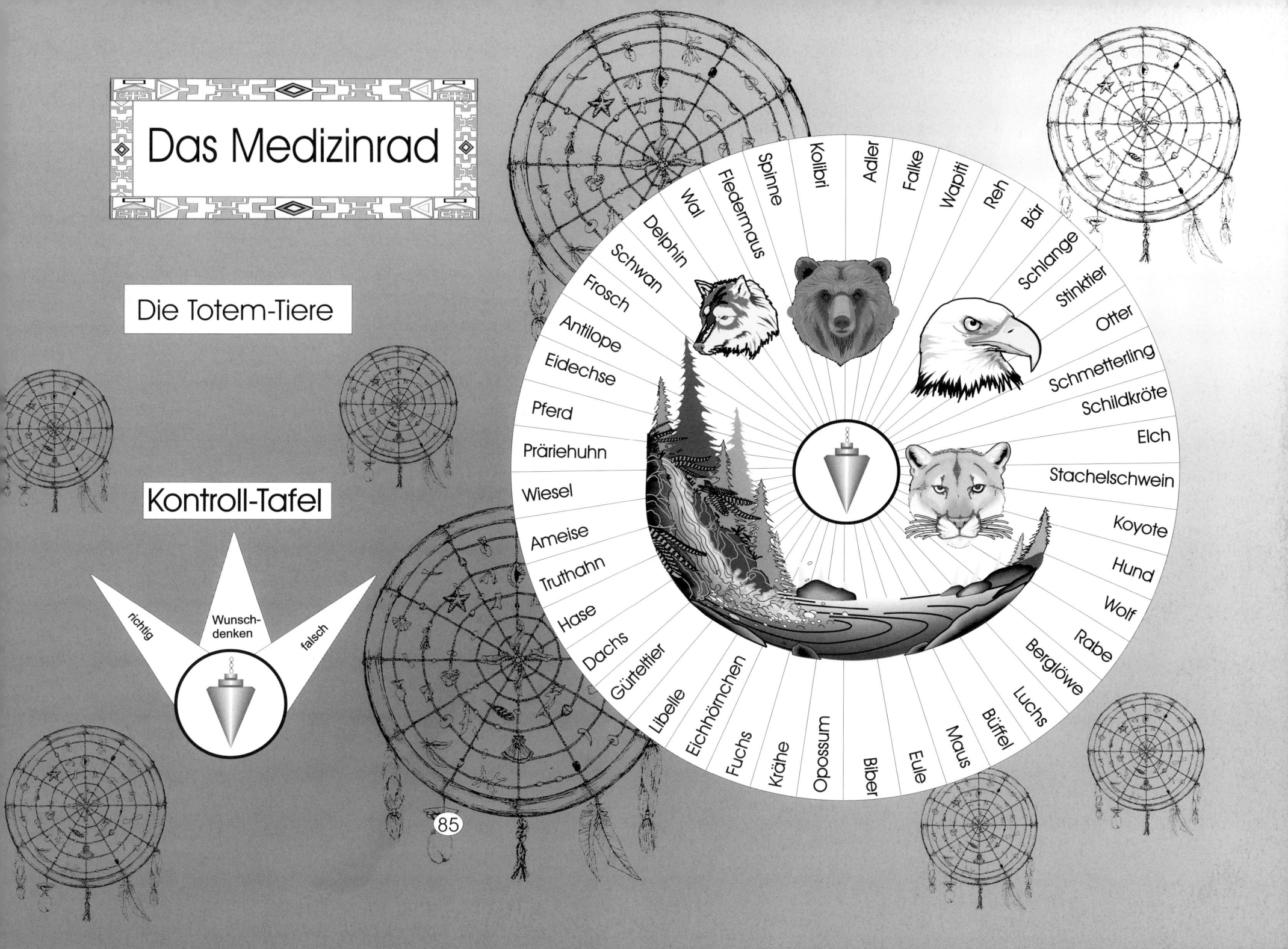

Das Medizinrad

Die Totem-Tiere

Kontroll-Tafel

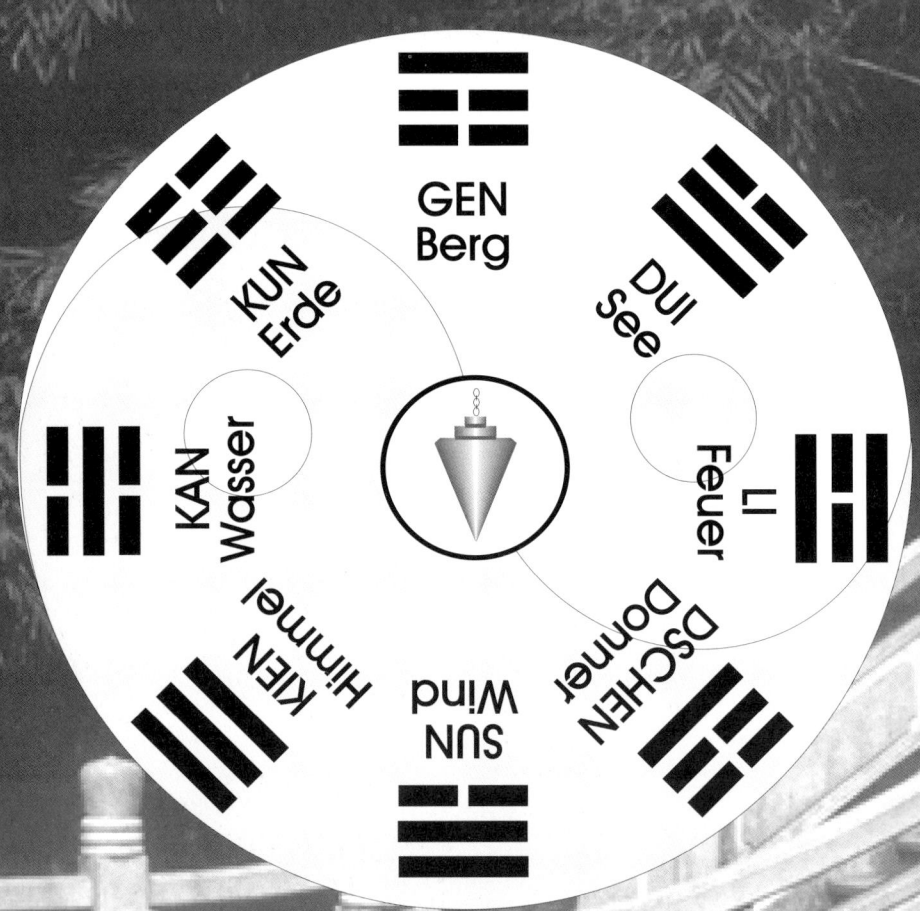

I Ging Orakel

1. Pendeln Sie zuerst anhand der linken Pendel-tafel das untere Trigramm - dann das obere. Anhand der rechten Tabelle können Sie nun die Nummer des Hexagramms finden.
2. Erfragen Sie auf der unteren linken Pendel-Tafel, wie viele Linien bewegt sind.
3. Erfragen Sie dann an der unteren rechten Pendel-tafel, welche Linien bewegt sind - so ermitteln Sie das veränderte Hexagramm.

OBERES TRIGRAMM ▷ UNTERES TRIGRAMM	KIEN	DSCHEN	KAN	GEN	KUN	SUN	LI	DUI
KEN	1	34	5	26	11	9	14	43
DSCHEN	25	51	3	27	24	42	21	17
KAN	6	40	29	4	7	59	64	47
GEN	33	62	39	52	15	53	56	31
KUN	12	16	8	23	2	20	35	45
SUN	44	32	48	18	46	57	50	28
LI	13	55	63	22	36	37	30	49
DUI	10	54	60	41	19	61	38	58

Kontroll-Tafel

richtig — Wunsch-denken — falsch

sechs Linien bewegt — keine Linie bewegt — eine Linie bewegt — zwei Linien bewegt — drei Linien bewegt — vier Linien bewegt — fünf Linien bewegt

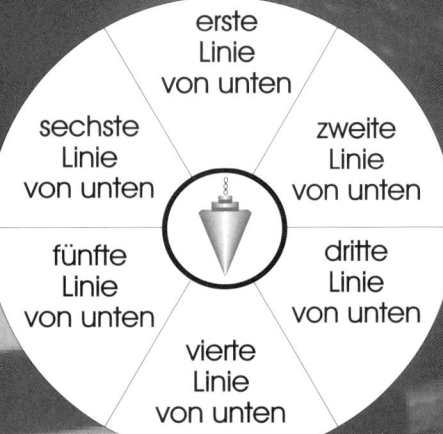

erste Linie von unten — zweite Linie von unten — dritte Linie von unten — vierte Linie von unten — fünfte Linie von unten — sechste Linie von unten

86

Astrologie - Tafeln

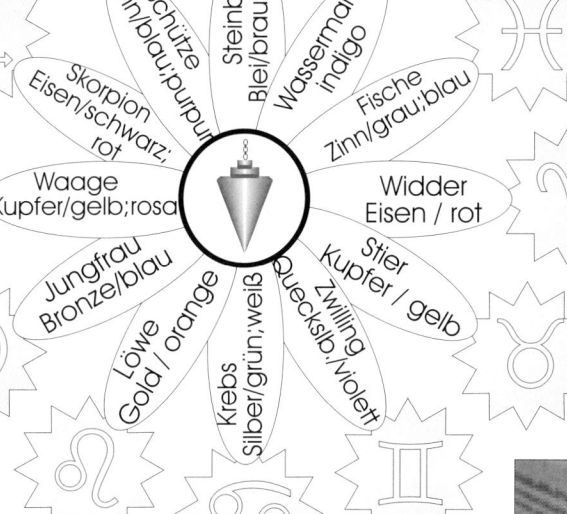

Schütze
Zinn/blau;purpur

Steinbock
Blei/braun;rot

Wassermann
indigo

Skorpion
Eisen/schwarz;
rot

Fische
Zinn/grau;blau

Waage
Kupfer/gelb;rosa

Widder
Eisen / rot

Jungfrau
Bronze/blau

Stier
Kupfer / gelb

Löwe
Gold / orange

Zwilling
Quecksilb./violett

Krebs
Silber/grün;weiß

Die Pendeluhr dient zur
Bestimmung der genauen
Geburtszeit.
Die Uhr ist in 10 Minuten-Teil-
striche aufgeteilt.

Pendeluhr

Kontroll-Tafel

richtig

Wunsch-
denken

falsch

Astrologie - Tafeln

Die psychischen Energien der Planeten

An welcher Energie mangelt es mir?
oder
was ist mein bester Planet (beste Energie)?
oder
was ist mein schlechtester Planet (schlechteste Energie)?
oder
welches ist mein Spannungsherrscher?

Kontroll-Tafel

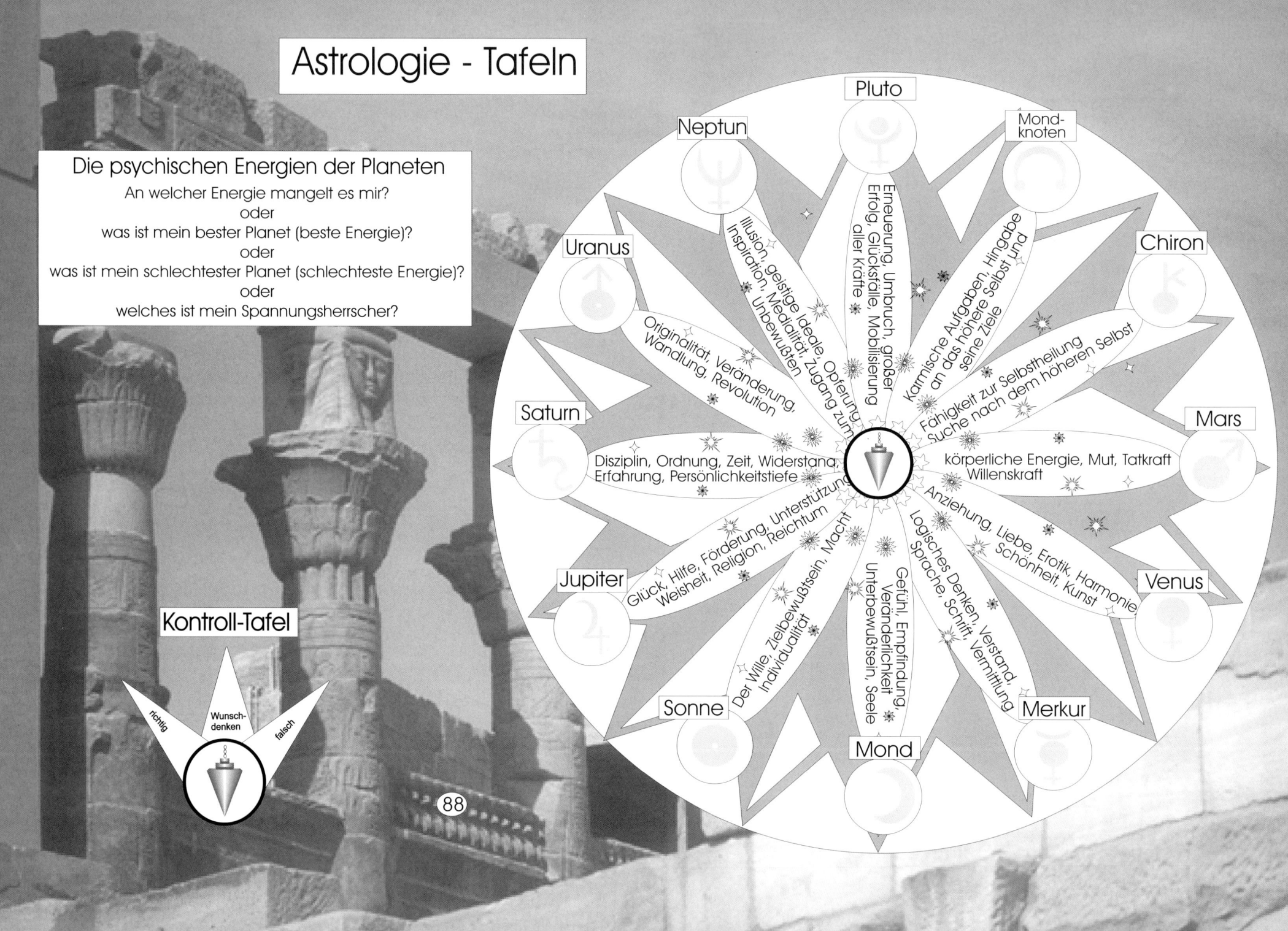

Pluto — Erneuerung, Umbruch, großer Erfolg, Glücksfälle, Mobilisierung aller Kräfte

Neptun — Illusion, geistige Ideale, Opferung, Inspiration, Medialität, Zugang zum Unbewußten

Mond-knoten — Karmische Aufgaben, Hingabe an das höhere Selbst und seine Ziele

Uranus — Originalität, Veränderung, Wandlung, Revolution

Chiron — Fähigkeit zur Selbstheilung, Suche nach dem höheren Selbst

Saturn — Disziplin, Ordnung, Zeit, Widerstand, Erfahrung, Persönlichkeitstiefe

Mars — körperliche Energie, Mut, Tatkraft, Willenskraft

Jupiter — Glück, Hilfe, Förderung, Unterstützung, Weisheit, Religion, Reichtum

Venus — Anziehung, Liebe, Erotik, Harmonie, Schönheit, Kunst

Sonne — Der Wille, Zielbewußtsein, Macht, Individualität

Mond — Gefühl, Empfindung, Veränderlichkeit, Unterbewußtsein, Seele

Merkur — Logisches Denken, Verstand, Sprache, Schrift, Vermittlung

Kontroll-Tafel: richtig — Wunsch-denken — falsch

88

Astrologie - Tafeln

Häuserauswertung für unbewußte Blockierungen und Probleme

Testen Sie zuerst, in welchem Haus Sie Blockaden aufweisen.
Aktivieren Sie in diesem Bereich Ihre noch brachliegenden Fähigkeiten, um sich auszubalancieren.
Führen Sie von Zeit zu Zeit eine Testpendelung aus, um Ihre Fortschritte zu überprüfen.

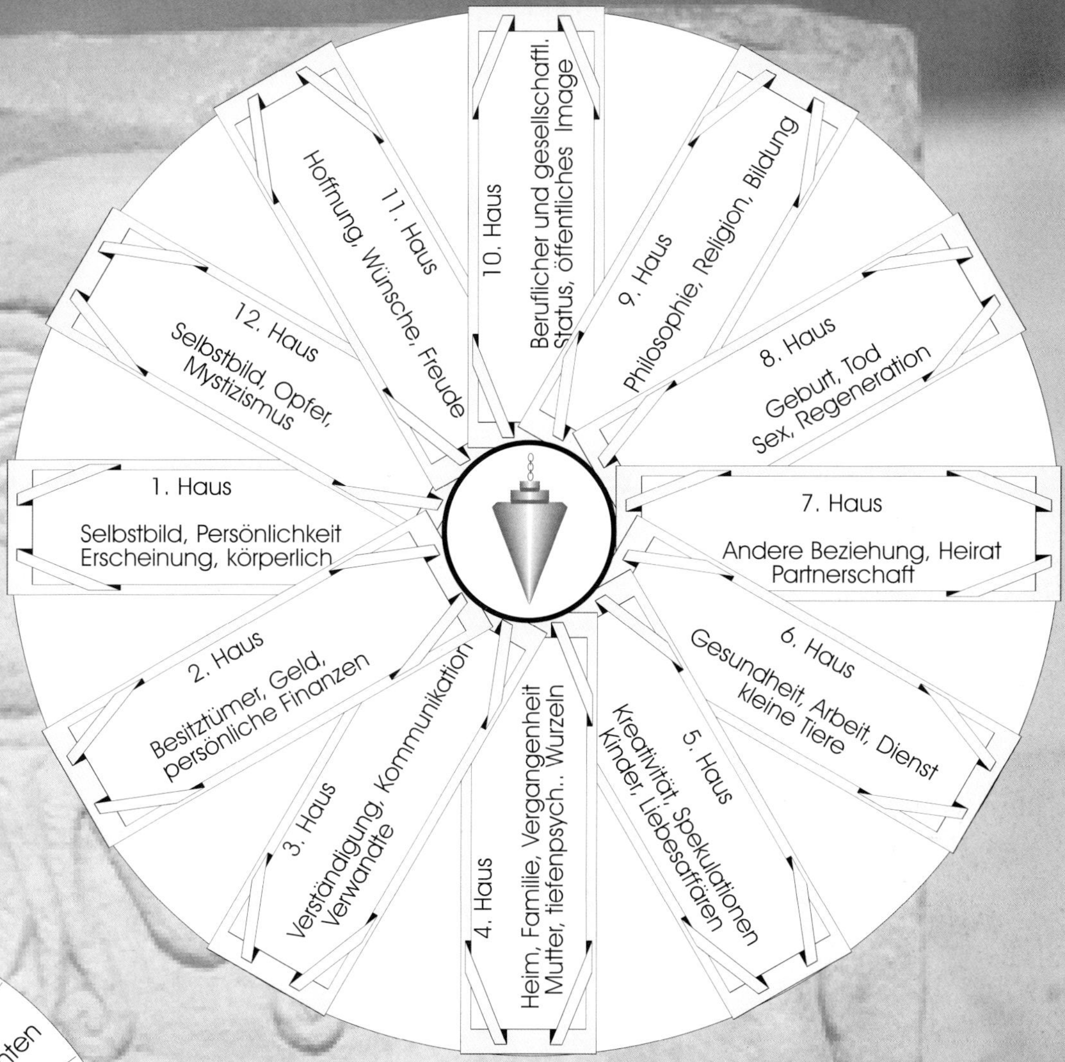

Kontroll-Tafel

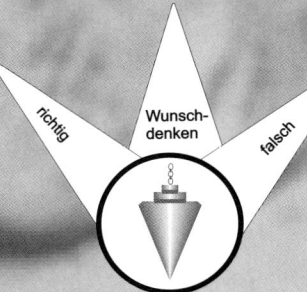

richtig   Wunsch-denken   falsch

10. Haus
Beruflicher und gesellschaftl. Status, öffentliches Image

11. Haus
Hoffnung, Wünsche, Freude

12. Haus
Selbstbild, Opfer, Mystizismus

9. Haus
Philosophie, Religion, Bildung

8. Haus
Geburt, Tod Sex, Regeneration

1. Haus
Selbstbild, Persönlichkeit Erscheinung, körperlich

7. Haus
Andere Beziehung, Heirat Partnerschaft

2. Haus
Besitztümer, Geld, persönliche Finanzen

6. Haus
Gesundheit, Arbeit, Dienst kleine Tiere

3. Haus
Verständigung, Kommunikation Verwandte

5. Haus
Kreativität, Spekulationen Kinder, Liebesaffären

4. Haus
Heim, Familie, Vergangenheit Mutter, tiefenpsych.. Wurzeln

Warum diese Blockierung?

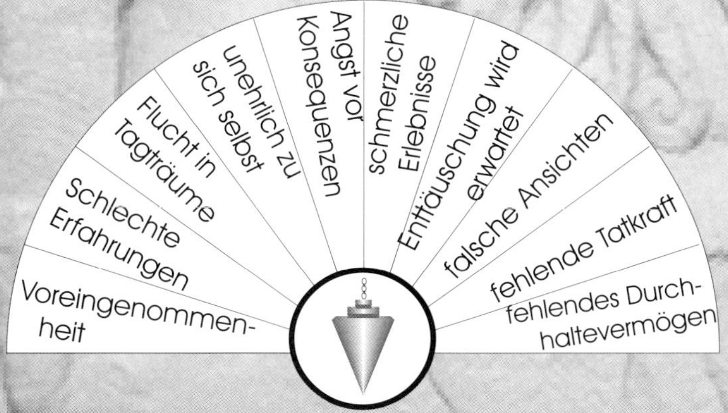

Angst vor Konsequenzen

unehrlich zu sich selbst

schmerzliche Erlebnisse

Flucht in Tagträume

Enttäuschung wird erwartet

Schlechte Erfahrungen

falsche Ansichten

fehlende Tatkraft

Voreingenommenheit

fehlendes Durchhaltevermögen

89

Tarot - Tafeln

Wo finde ich meine
Tages-Karte?
oder
Schutz-Karte?
oder
Begleiter-Karte?

Große Arkana   Kleine Arkana

Kontroll-Tafel

richtig   Wunsch-denken   falsch

Die Großen Arkana

0   Der Narr
1   Der Magier
2   Die Hohepriesterin
3   Die Herrscherin
4   Der Herrscher
5   Der Hohepriester
6   Die Liebenden
7   Der Wagen
8   Die Kraft
9   Der Eremit
10 Das Rad
11 Die Gerechtigkeit
12 Der Hängende
13 Der Tod
14 Die Mäßigkeit
15 Der Teufel
16 Der Turm
17 Der Stern
18 Der Mond
19 Die Sonne
20 Das Gericht
21 Die Welt

90

Tarot - Tafeln

Die kleinen Arkana

Auf welcher Tafel finde ich meine Karte?

Stäbe — Kelche

Münzen — Schwerter

Kontroll-Tafel

richtig — Wunsch-denken — falsch

Stab 3, Stab 4, Stab 5, Stab 6, Stab 7, Stab 2, Stab 8, Stab AS, Stab König, Stab Königin, Stab Ritter, Stab Bube, Stab 9, Stab 10

Münz 4, Münz 5, Münz 3, Münz 6, Münz 2, Münz 7, Münz AS, Münz 8, Münz König, Münz 9, Münz Königin, Münz Ritter, Münz Bube, Münz 10

Kelch 4, Kelch 5, Kelch 3, Kelch 6, Kelch 2, Kelch 7, Kelch AS, Kelch 8, Kelch König, Kelch Königin, Kelch Ritter, Kelch Bube, Kelch 9, Kelch 10

Schwert 4, Schwert 5, Schwert 3, Schwert 6, Schwert 2, Schwert 7, Schwert AS, Schwert 8, Schwert König, Schwert 9, Scgwert Königin, Schwert Ritter, Schwert Bube, Schwert 10

Zum Schluß

Nachdem Sie sich durch die vielen neuen und nützlichen Diagramme durchgearbeitet haben, will ich zur Weiterführung noch einige Gedanken anfügen.
Ich möchte Ihnen diese Gedanken mit auf den Weg geben, vor allem, um eventuell den Vorwurf der Vereinfachung auszuräumen. Hier, wie sonst auch in spirituellen Dingen, gilt wieder der Satz: "Der Weg ist das Ziel"!

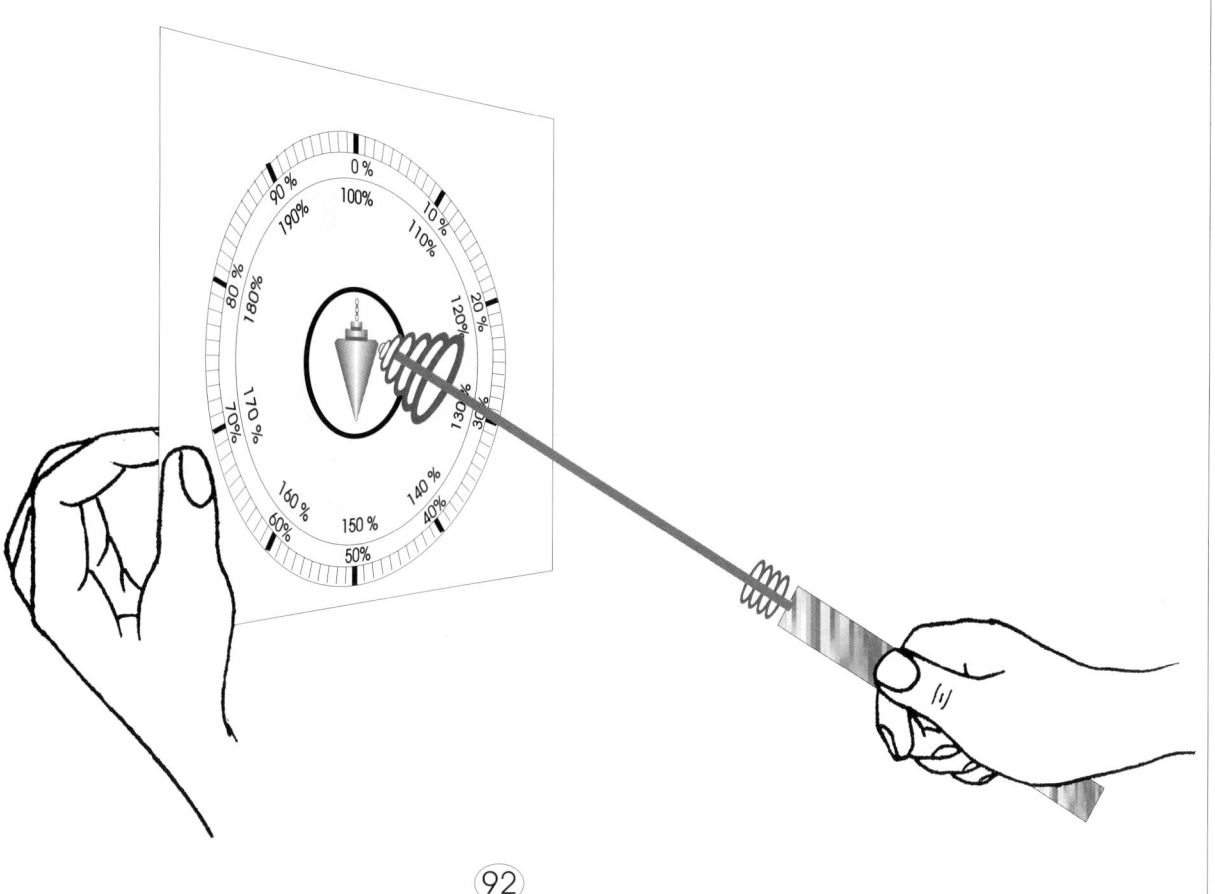

1. Die Trennung der Thematik, die in den beiden Bänden "Pendel-Welten" und "Ruten-Welten" vollzogen wurde, bot sich aus didaktischen Gründen an. Selbstverständlich kann vieles, was im vorliegenden Band mit dem Pendel abgefragt wurde, auch mit der Rute ermittelt werden, wie es in nebenstehendem Beispiel verdeutlicht wird. Welche The-matik Sie mit einem Pendel (eventuell sogar mit einem speziellen Pendel) abfragen und welches Problem mit einer Rute abgefragt bzw. getestet werden soll, ist zum Teil eine Sache der Gewohnheit. Im Zweifel sollten Sie die Entscheidung danach treffen, mit welchem Werkzeug Sie besser umgehen können oder welches Hilfsmittel Sie persönlich bevorzugen. Zur Erinnerung sei gesagt: Pendel und Rute sind nur Verstärker zur Anzeige der Schwingung / Entsprechung.

2. Einen weiteren Hinweis möchte ich am Ende dieses Buches noch geben. Das Buch mit seinen vielen Diagrammen soll nicht den Eindruck erwecken, daß das Pendeln sich nahezu ausschließlich auf das Abfragen mit Hilfe von Diagrammen beschränkt. Das Gegenteil ist der Fall.

Es gibt noch eine andere Ebene des Pendelns neben den Ihnen hier vorgestellten Pendel-Welten. Am Schluß dieses Buches soll deshalb noch ganz deutlich gesagt werden, daß es sich bei dem Einsatz von Diagrammen immer nur um eine Art von Resonanz-Abfrage handelt. Das Diagramm ersetzt dabei das eigene Gedächtnis, was bekanntlich meist nicht lückenlos ist.

Diagramme sind geeignet, viele Dinge dem Vergessen zu entreißen, sie zu ordnen und zu sortieren. Wer weiß schon sämtliche 40/39 Bach-Blüten-Namen auswendig, um sie bei Bedarf aus dem Gedächtnis abzufragen? Oder: Wer weiß die 12 Schüßler-Salze mit ihren 12 Ergänzungsmitteln alle mit Namen und Nummer auswendig oder gar ihre astrologische Entsprechung? Deswegen sind in diesem Buch so viele Diagramme vorgestellt, die in dieser Weise bisher noch nicht veröffentlicht wurden. Sie stellen eine Arbeitserleichterung für Sie dar.

3. Bei Diagrammen - so könnte man sagen - handelt es sich immer um Abfragen auf der materiellen Ebene. Wenn man, wie vorstehend angedeutet, sämtliche 40/39 Bach-Blüten-Essenzen auswendig weiß, kann man diese auch aus dem Gedächtnis, d.h. mental, abfragen. Das ist für geübte Pendler und Rutenkundige kein Problem.

Das Problem entsteht eben nur an der Stelle, wo man sich mental auf eine bestimmte Sache konzentrieren muß, um dann eine bestimmte Frage stellen zu können. Da es zu diesem Thema bereits genügend einschlägige, weiterführende Literatur gibt (siehe Literaturverzeichnis S.95), kann ich in diesem Zusammenhang auf eine ausführliche Besprechung verzichten. Ich erwähne die Möglichkeit einer mentalen Abfrage der Vollständigkeit halber. Die Kunst des Pendelns besteht nicht nur darin, möglichst alles in der Form von Diagrammen zu ermitteln. Das geht auch aus praktischen Gründen nicht, obwohl gerade Anfänger dies gerne so hätten.

Die mentale Abfrage ist eine weitere "Stufe" nach dem Abfragen von Sachverhalten über Diagrammen. Ob man dazu in der Lage ist oder nicht, ist einerseits eine Sache des Einarbeitens in die Materie und andererseits eine Frage der Sensibilisierung.

Abschließend versuche ich, den Weg zum mentalen Arbeiten an einem einfachen Beispiel in fünf Schritten zu verdeutlichen.

1. Nehmen Sie einen Apfel in die linke Hand und halten Sie das Pendel oder die Rute zwischen sich (Ihren Körper) und den Apfel. Die zu stellende Frage sollte lauten: Ist dieser Apfel gut für mich? Soll ich ihn essen? - Sie erhalten ein Ergebnis entsprechend der Qualität des Apfels und Ihrer körperlichen Verfassung. In diesem Fall, ob Sie jetzt diesen Apfel essen sollen oder nicht.

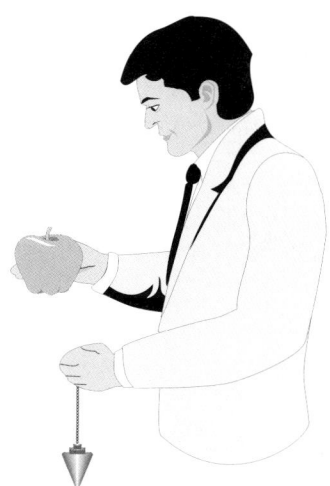

2. Schalten Sie nun eine zweite Person dazwischen, die den Apfel in die linke Hand nimmt, und halten Sie diese Person mit Ihrer linken Hand an deren rechter Hand fest. - Nun ist der Ablauf wie vorstehend. Das Ergebnis sollte dasselbe sein wie bei Übung 1, da weiterhin auf Verträglichkeit des Apfels für den Pendler abgefragt wird.

3. Schalten Sie nun eine weitere Person dazwischen. - Der sonstige Ablauf ist wie vorstehend. - Auch hier sollte wieder das gleiche Ergebnis von Ihnen ermittelt werden.

Sie können die Anzahl der Personen, die Sie dazwischenschalten, beliebig vermehren. Das Ergebnis muß immer das gleiche sein. Das ist alles noch Resonanz-Abfrage. Der Schritt zum mentalen Arbeiten erfolgt jetzt anschließend.

4. Legen Sie den Apfel auf einen Tisch, einen Stuhl usw., weit weg, aber so, daß Sie ihn noch sehen können. Konzentrieren Sie sich auf den Apfel. Strecken Sie Ihre linke Hand aus, um die Schwingung des Apfels aufzunehmen. Stellen Sie die gleichen Fragen wie bei Übung 1 - Das Ergebnis muß dasselbe sein wie obenstehend.

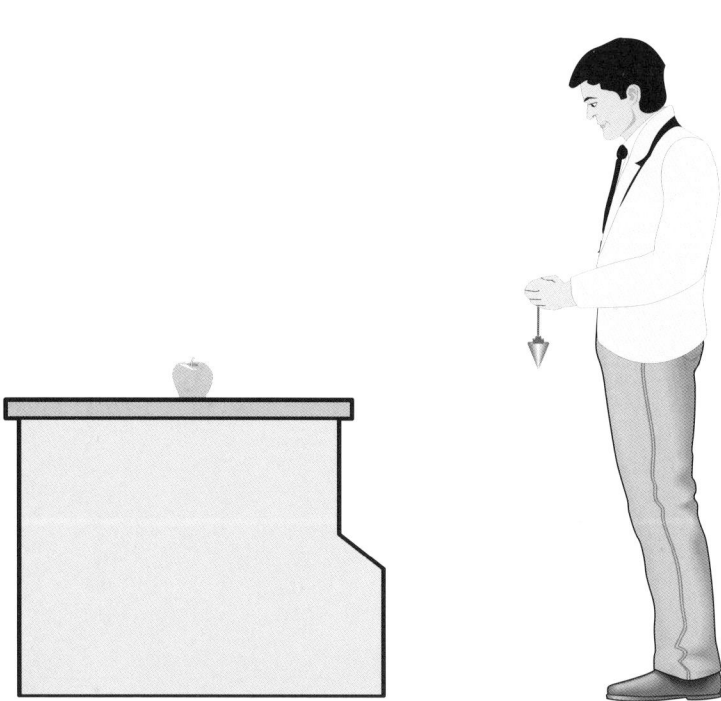

5. Legen Sie den Apfel ins Nebenzimmer und konzentrieren Sie sich auf den Apfel. Sie haben sich den Apfel inzwischen genügend angesehen. Sie kennen Ihren Apfel. Fragen Sie erneut ab: Ist der Apfel dort auf dem Tisch im Nachbarzimmer gut für mich? - Sie müssen auch in diesem Fall das gleiche Ergebnis erhalten, obwohl Sie den Apfel nicht mehr sehen.

Wenn das Ergebnis sich in mehreren Versuchen bestätigt, dann haben Sie die Prüfung bestanden. Sie können auch mental arbeiten. Mit dieser Erkenntnis erschließen sich Ihnen bisher ungeahnte Welten. Machen Sie weiter so!

Und nun weiterhin viel Spaß und Erfolg mit Band 1 "Pendel-Welten" und bald auch mit Band 2 "Ruten-Welten".

Literaturverzeichnis

Schaufelberger-Landherr: Die Kraft der Steine, Band 1 + 2. CH-Hünenberg 1992.

Luc Bourgault: Ganzheitliche Edelsteintherapie. Bauer Verlag, Freiburg 1994.

Wind/Ried: Die Macht der heiligen Steine. Goldmann Verlag, München 1989.

L. & W. Beeler: Heilkraft mir der Stein verschafft. Para Praktika Verlag, CH-Buchs 1993.

Renate Sperling: Vom Wesen der Edelsteine. Aquamarin Verlag, Grafing 1994.

Sharamon/Baginski: Das Chakra Handbuch. Windpferd Verlag, Aitrang 1988.

Anton Stangl: Pendeln. Econ Verlag, Düsseldorf 1994.

Freya Aswynm: Die Blätter von Yggdrasil. Edition Ananael, Wien 1991.

Zoltan Szabó: Das Buch der Runen. Droemer Knaur Verlag, München 1985.

Beate Helm: Die Heilkräfte der Kalifornischen Blütenessenzen. Aquamarin Verlag, Grafing 1990.

Erich Keller: Das Handbuch der ätherischen Öle. Goldmann Verlag, München 1994.

Georg Kirchner: Pendel und Wünschelrute. Droemer Knaur Verlag, München 1985.

Mathias Dorcsi: Homöopathie heute. Rowohlt Verlag, Reinbek 1995.

Christa Muths: Farbtherapie. Heyne Verlag, München 1994.

Minker/Scholz: Das große Buch der Naturheilweisen. Goldmann Verlag, München 1994.

Klaus Oberbeil: Fit durch Vitamine. Südwest Verlag, München 1994.

Inge Andres: Die ganzheitliche Duftberatung. Falken Verlag, Niedernhausen 1995.

Rieder/Wollner: Duftführer. Wollner, Oy-Mittelberg 1992.

Rose-Marie Nöcker: Das große Buch der Sprossen und Keime. Heyne Verlag, München 1992.

Karin Hunkel: Das Arbeitsbuch zur richtigen Farbentscheidung. Hugendubel Verlag, München 1994.

Wilton Kullmann: Die perfekte Hausentstörung. Ennsthaler Verlag, A-Steyr 1992.

Wilton Kullmann: Erdstrahlen und Gestirnstrahlen. Ennsthaler Verlag, A-Steyr 1994.

R.L. Wing: Das Arbeitsbuch zum I Ging. Hugendubel Verlag, München 1994.

Rohr/Ebert: Das Enneagramm. Claudius Verlag, München 1989.

R. + S. Weissman: Der Weg der Achtsamkeit. Hugendubel Verlag, München 1994.

Erich Keller: Erlebnis Aromatherapie. Goldmann Verlag, München 1993.

Kenneth Meadows: Das Natur-Horoskop. Droemer Knaur Verlag, München 1990.

Peter Wolf: Aquarome. Taoasis Verlag, Lemgo 1990.

Sabrina Ulbrich: Geheimnisvolle Düfte 1. Kersken-Canbaz Verlag, Bergen 1993.

Otto Höpfner: Einhandrute und Pyramidenenergie. Silberschnur Verlag, Neuwied 1993.

Sun Bear + Wabun: Das Medizinrad. Goldmann Verlag, München 1994.

A. v.Fellenberg-Ziegler: Homöopathische Arzneimittellehre. Haug Verlag, Heidelberg 1960.

Albert Y. Leung: Chinesische Heilkräuter. Diederichs Verlag, München 1985.

Christian Rätsch: Indianische Heilkräuter. Diederichs Verlag, München 1987.

Dalichow/Booth: Aura-Soma. Droemer Knaur Verlag, München 1994.

Anton Stangl: Gesundheit und Lebenserfüllung durch Pendeln. Econ Verlag, Düsseldorf 1995.

Felix Zimmermann: Heilende Tees. Droemer Knaur Verlag, München 1995.

Anita Höhne: Heiltees. Goldmann Verlag, München 1995.

Blanche Merz: Orte der Kraft. CH-Chardonne.

Jane E. Hartmann: Die Heilkraft der richtigen Schwingung. Hugendubel Verlag, München 1991.

Fried Froemer: Pendeln. Erd Verlag, München 1992.

Patricia Carrington: Das grosse Buch der Meditation. Scherz Verlag, München 1995.

Edward Stevens: Meditieren in allen Lebenslagen. Rowohlt Verlag, Reinbek 1995.

Anton Stangl: Der Energiesensor. Econ Verlag, Düsseldorf 1992.

H.G. Jaedicke: Dr. Schüßlers Biochemie. Fröhlich Verlag, Frankfurt 1994.

Sun Bear, Wabun Wind, Crysalis Mulligan: Das Medizinrad-Praxisbuch. Goldmann Verlag, München 1993.

Sams/Carson: Karten der Kraft. Windpferd Verlag, Aitrang 1989.

Georg Jakob: Das medizinische Pendelbuch. Turm Verlag, Bietigheim 1973.

Mannfried Pahlow: Heilpflanzen. Gräfe-Unzer Verlag, München 1992.

Hoefler/Atti: Reinkarnationsforschung mit dem Pendel. Windpferd Verlag, Aitrang 1987.

Nielsen/Polansky: Die Magie des Pendels. Heyne Verlag, München 1987.

Paul Elling: Die Kunst des Pendelns. Heyne Verlag, München 1994.

Rudolf Mlaker: Geistiges Pendeln. Schikowski Verlag, Berlin 1974.

Gertrud I. Hürlimann: Pendeln ist erlernbar, Band 1 und 2. M+T Edition Astroterra, CH-Zürich 1985.

Das große Kräuterbuch der Gesundheit. Gondrom Verlag, Bindlach 1994.

Markus Schirner
Pendel-Set
inkl. Messing-Pendel!
40 Seiten, s/w-illustriert, Ringheftung
ISBN 3-930944-65-0
Eine Einführung ins Pendeln mit über 40 Pendeltafeln im handlichen Set inklusive einem hochwertigen Messingpendel.

Dr. Diethard Stelzl
Heilen mit kosmischen Symbolen
Ein Praxisbuch
320 Seiten, mit über 500 Abbildungen,
teilw. farbig, Hardcover
ISBN 3-89767-178-6
Wenn Sie als Heiler oder Heilpraktiker weitere Wege finden möchten, Hilfesuchende noch umfassender zur Heilung zu führen, ist dieses Buch genau richtig für Sie! Sie erhalten darüber eine Einführung in die komplexen Zusammenhänge zwischen den verschiedenen Ebenen und Dimensionen der göttlichen Schöpferkraft.

Manfred B. Hartmann
Praxisbuch der Einhandrute
208 Seiten, s/w-illustriert, Paperback
ISBN 3-89767-145-X
Die Arbeit mit der Einhandrute basiert auf überliefertem Wissen, das mittlerweile durch neue wissenschaftliche Erkenntnisse bestätigt wurde. Dieses Werk bietet sowohl eine gründliche Einführung in die Arbeit mit der Einhandrute als auch einen strukturierten Praxisteil.

Marlies und Klaus Holitzka
Der kosmische Wissensspeicher
Akasha-Chronik & Quantenphysik
aus Sicht des Netzwerks Universum
286 Seiten, s/w-illustriert, Paperback
ISBN 3-89767-129-8
Stellen Sie sich einmal vor, Sie wüssten mit absoluter Sicherheit, daß alles, wirklich alles, in diesem Universum lebendig sei und Sie hätten, wenn Sie das wollten, jederzeit Zugriff zu jeder Information. Was, glauben Sie, würde sich in Ihrem Leben verändern? Mit diesem trotz seiner Tiefe erstaunlich leicht zu verstehenden Buch finden Sie es heraus!

Manfred Himmel
Bäume helfen heilen
Wie Sie mit Bäumen Kontakt aufnehmen und ihre spirituellen Energien nutzen
224 Seiten, 32 s/w-Illustra-tionen
und 12 Farbtafeln, Paperback
ISBN 3-89767-183-2
Möchten auch Sie einen Baum zum Freund und Helfer haben, sich von ihm heilen lassen, mit ihm reden, sich ihm anvertrauen? Der im Umgang mit den Baumenergien erfahrene Autor stellt Ihnen in seinem Lehr- und Anleitungsbuch zur »magnetopathischen Baumheilkunde« Wissen von unschätzbarem Wert vor.

Sonja Heider
Handbuch der Heilsteine
Beschreibung, Anwendung und Reinigung
von über 150 Heilsteinen
288 Seiten, 150 farbige Abb., Paperback
ISBN 3-89767-091-7
Dieses Nachschlagewerk besticht durch seine Schönheit und Übersichtlichkeit! Prachtvolle, sehr ausdrucksstarke Bilder lassen Sie die jeweilige Kraft der über 150 verschiedenen Steine bereits beim Durchblättern spüren.

Christine Bradler
Feng Shui
Ein Lexikon von A bis Z
336 Seiten, über 200 farbige Abbildungen, Paperback
ISBN 3-89767-181-6
In diesem Buch lernen Sie auf spielerische, leichte Art, wie Sie die verschiedenen Symbole und Techniken des Feng Shui anwenden können. Sie erhalten so viele Tips und Anregungen, daß Sie schon beim Lesen aufstehen und Ihre Wohnung umgestalten wollen!

Hedwig Seipel
Der Feng Shui -Kompaß
inkl. diamantgelagertem Kompaß!
64 Seiten, s/w-illustriert, Ringheftung
ISBN 3-89767-173-5
Die ungewöhnliche Form dieses Buches verbirgt einen ungewöhnlichen Inhalt: Sie halten damit ein Instrument in der Hand, mit dem Sie das, was es Ihnen vermittelt, durch den eingefügten Kompaß gleich anwenden können. Wenn Sie sich nicht gerne lange mit Erklärungen abgeben wollen, sondern am liebsten sofort mit dem praktischen Teil beginnen möchten, ist unser »Feng Shui Kompaß« besonders für Sie geeignet.